夫妻的世界

潘幸知的37堂情感经营课

潘幸知

一 主编 一

台海出版社

图书在版编目（CIP）数据

夫妻的世界：潘幸知的 37 堂情感经营课 / 潘幸知主编 . -- 北京：台海出版社，2020.10
ISBN 978-7-5168-2751-2

Ⅰ . ①夫… Ⅱ . ①潘… Ⅲ . ①婚姻—通俗读物 Ⅳ . ① C913.13-49

中国版本图书馆 CIP 数据核字（2020）第 178945 号

夫妻的世界：潘幸知的 37 堂情感经营课

主　　编：潘幸知

出 版 人：蔡　旭
责任编辑：赵旭雯

出版发行：台海出版社
地　　址：北京市东城区景山东街 20 号　邮政编码：100009
电　　话：010 — 64041652（发行，邮购）
传　　真：010 — 84045799（总编室）
网　　址：www.taimeng.org.cn/thcbs/default.htm
电子邮箱：thcbs@126.com

经　　销：全国各地新华书店
印　　刷：旭辉印务（天津）有限公司
本书如有破损、缺页、装订错误，请与本社联系调换

开　　本：880 毫米 × 1230 毫米　1/32
字　　数：175 千字　　　　印　张：7
版　　次：2020 年 10 月第 1 版　　印　次：2020 年 10 月第 1 次印刷
书　　号：ISBN 978-7-5168-2751-2

定　　价：49.80 元

目　录
Contents

第一章　心理课堂：你懂婚姻吗？

第二章 情感经营学：婚姻与沟通

1

第一章

心理课堂：你懂婚姻吗?

"自讨苦吃"的圣母型人格

文 / 江左梅娘

　　"作为女性，我好像只有两种选择，要么做被男人保护的小女人，要么做可以保护自己的女强人，既然做不了小女人，那就只能选择做女强人。"这是师父陈姐曾经和我说过的话。

　　然而，陈姐没有做成小女人，女强人也做不了多久了，43 岁这年，她得了乳腺癌。

不幸的童年和顺遂的事业

　　说起来，陈姐早年的命运挺惨的。

　　陈姐是个早产儿，三代单传的陈姐爸爸一听说又是一个女儿，长吁短叹了一整天，可想而知，陈姐在家里多么不被待见。

　　陈姐在父母有一搭没一搭的照顾下长大了，早早地就养成了处处看人眼色的习惯。

　　陈姐的父母原本打算让她读完小学，识一点儿字就辍学嫁人的，然而陈姐觉得读书是自己将来唯一的出路，所以特别用心，成绩也一直很优秀。父母让她辍学，她不肯。

后来父母勉强继续支持她，但要求她必须答应读到初中就不要读了，她也只得听从了家人的意见，最后考了中师。

陈姐看起来瘦瘦弱弱、一副弱不禁风的样子，但是性格好强得很。

师范毕业以后，她就被分配到了学校里教书，边工作边学习，很快就拿到了本科文凭，再加上她在工作中任劳任怨，为人处世又谦恭有礼，很快就做了备课组长。

陈姐靠着自己的努力，完全过上了自食其力的生活。每年过年的时候，她都会给父母一个大红包，红得耀眼。

工作了两年之后，就有人给她介绍了男友，小伙子家虽在农村，但是人长得精神，陈姐不久就嫁了。

老公在事业上很有追求，家里的活儿陈姐从来不让他伸手。几年后，陈姐又通过一个远房亲戚的关系，让老公晋升了中层，后来又做了副经理。

按说，陈姐后来的日子过得不错。

从不麻烦别人，只喜欢麻烦自己

我实习的时候，被分到了陈姐手下，跟着她听课、备课、教导学生，她总是做事麻利，走路带风，一会儿就做完了手头上所有的事情，让我折服。

接触得越多，我越发觉得陈姐好得让我有些不太适应。

按说，我是她的实习生，她完全可以差遣我跑东跑西，然而，她几乎从来不差使我。

相反，她很关心我，知道我是外地人以后，还跑到我的宿舍里去参观了一下，把当年她住宿舍的时候觉得好用的东西给了我。

我随口问一句车站在哪里，她就主动帮我买了车票。我爸妈要来，就随口问了她当地有什么特色餐馆，她竟然做东请了我全家去吃饭。

还有一次，我和一个同学到景点玩，没公交车了。那时候，正巧新闻报道一辆出租车刚出事儿，我和同学也不敢坐出租车。我记得她家离那里似乎并不远，于是打了一个电话过去。她二话没说，半小时之后，就开车过去载我们回家了。

陈姐不光对我是这样，对同事们也是如此。

她是单位的老员工，却很乐意为我们每一个人跑腿，中午散步的时候还经常去传达室把我们的快递都带过来。有时候同事想要搭车回家，无论去哪里，她都"顺路"。

就这样一个好人，却有很多人对她的着装品头论足，说她"土得掉渣"，背地里没少诟病她。说她儿子青春期叛逆，不和她说话，还说她老公劈腿了，她还装得挺幸福。我那时觉得那些人的嘴真碎，怎么就见不得人好呢！

作为一个刚毕业的大学生、她的徒弟，我受到如此的优待，虽然对她的生活也夹杂着很多的疑问，但是更多的是感激。

直到后来我去了她家，看到被她打扫得一尘不染、让人不忍下脚的家后，我怎么都觉得她这种从来不麻烦别人的人，活得特别累！

陈姐得了癌症

这个从来不麻烦别人的陈姐，终于让自己惹上了大麻烦。

陈姐得癌症的消息让我很意外。陈姐那么好，从来不麻烦别人，为人那么和善，为什么会突然得了癌症？

一个同事秘密地对我说，陈姐老公早就出轨了，只是一直藏着掖着没说，她儿子其实也不喜欢她，不愿意和她在一起。难道这些就是她得癌症的原因？

也许是，也许不是，但是陈姐的事儿让我有了太多的感慨。她一辈子好强，事业上、家庭中，什么事儿都亲力亲为，一刻都不消停，她待同事尽心尽力，带孩子也竭尽全力，对老公也是极力栽培。

她从来都不会麻烦别人，然而却没人感激她。同事轻贱她，儿子不搭理她，老公背叛她。命运对她实在是太不公平了！

也许有一些人，就是"圣母型人格"，他们友善地对待每一个人，甘愿承受本不属于他们的责任，他们对所有人都有求必应，哪怕那个要求相当地为难自己。

假如他们满足不了别人的要求，他们就会内疚得不能自已。可是如果一个人处处只想成全别人，那么注定会委屈自己。

当把所有的负面情绪都压在自己身上，无法承受的时候，最终崩溃的也只能是自己。

圣母型人格为什么反被轻贱，没人感激？

这样奉献了自己的人，按说本该倍受尊敬和爱戴，可是往往事与愿违。

董卿曾说，你若好到毫无底线，别人就敢坏到肆无忌惮。

人好、人善本没有错，但是如果"善"到伤害了自己还不声张，"好"到被背叛了还不吭声，那没商量，定会被人欺负的。

就像安徒生童话里的快乐王子，当快乐王子把身上的宝石、金片甚至眼珠都一点一点地送给了需要的人，直到自己变成了一堆没有价值的废铜烂铁的时候，没有人感激他，他残损的身躯最终被推倒，被焚毁。

虽然最后，安徒生在童话的结尾给了快乐王子和那只善良的燕子一个去天堂的结局，然而在人间，"快乐王子"始终没有实现"好人有好报"的童话。

因为在人间，善良得没有原则和底线的人只会沦为"填坑的物什"，没有人会真正尊重他的价值。

"圣母"变"恶魔"，也许是解决问题的唯一路径

说到底，圣母型人格的人的确很惨，总是牺牲得很悲壮，那么当你发现自己在生活中有这样的倾向时该怎么办?

想说一个我妈的做法。

以前，我一直认为我妈太霸道。比如她在做饭炒菜的时候，一家人都不能闲着，我爸被派去剥葱，我去弄蒜，我弟弟要去择菜。

等到饭做好了，我爸要去盛饭，我得去端菜，我弟去拿筷子，我妈安安静静地坐在椅子上欣赏我们做好一切。

我有时候在码字，不想干活，就说我妈，你看看你啊，做个饭让一家人都不得安宁啊! 我爸还在一旁斥责我，说我说话没大没小的。

瞧见没? 我妈在家里的地位那是首屈一指的。

她麻烦自己，也麻烦别人，她从来不会一个人把家里所有的事都包揽了，然后累得够呛，再站在道德制高点上谴责我们，给我们得了便宜还卖乖的机会。

我爸宠爱她，体恤她。我们感激她，尊重她。

我刚结婚那会儿，我妈来我家小住。她发现我家老杨是个油瓶子倒了都不扶的主儿的时候，私下里就对我说，你这样可不行，老公不用，过期会作废的。

　　我说，他干活儿真的毛病太多，还不如我一个人干完了干净。我妈说，你一个人干完了是干净，就是累死的时候，连个"收尸"的人都没有。

　　后来我发现很多东西还都被我妈给说中了。那时候我只麻烦自己，每天累得够呛，老杨回来还说，我把家里弄得乱七八糟的。而当我果断止损，开始麻烦他，他受累了以后，反倒体恤我的辛苦了。

　　圣母偶尔变一下恶魔，也许男人习惯了以后会更受用。毕竟男人会怕恶魔，而且恶魔偶尔变成圣母，男人会很感激。

　　不要迷恋圣母光环，表面上，男人都喜欢贤妻良母，可骨子里都难以忘怀坏坏的恶魔女。

伴侣出轨，最难的是放过自己

文 / 火小柴

01

最近，一个朋友在闹离婚。

一年前，为了不离婚给老公下跪的她从没想过，今天可以坚决地提出离婚。

她说，看着老公蒙了的表情，我没有难过，反而有些想笑。果然，人要先放过自己才是最爽的。

（以下是第一人称自述。）

老公对我一直都有恃无恐。

房子是他父母给的首付，他基本没有经济上的付出。

结婚，他没有从自己的积蓄里出一毛钱，甚至婚礼的所有事情，都是我操办的，他没买过一样东西，没问过家里的任何事。

婚后，三年里，他换了五份工作，每天回家就打游戏。我从没说过他，一直觉得他总会长大，我要尽可能地支持他。

我爱他，情愿为他付出一切，他却让我失去了所有自尊和自信。

一年前，他跟朋友出去喝酒，以前他也老跟朋友去喝酒，我也就没问什么。但那天晚上十一点，他突然打电话过来，说朋友喝得有点多，自己送他回家，今天就在朋友家睡了。

那天晚上，我也没多想。

可第二天，他回家之后，我鬼使神差地点开了他手机上的美团，发现里面多了一个地址，还是酒店的。

我当时拿着他的手机，呆坐在沙发上，连他走过来都没察觉。等他抢过手机，深深地看了我一眼，然后走开，我都没敢质问一句。

那时，朋友都替我生气，劝我赶紧离婚，她们都说出轨只有零次和无数次。

可这种事真落到自己身上，哪能做到那么畅快？

我们恋爱四年，结婚三年，就算感情淡了，也还有不少情分。更不用说经济、孩子等一系列乱七八糟的问题。

我和他早就从"我"变成了"我们"，离婚，那就是要割舍掉另一半的自己呀。

我连揭穿他、质问他、要一个解释的勇气都没有。

千躲万躲，怎么都没想到，一个月后，反倒是他把手机放在我面前，说："我们离婚吧。"

我傻眼，问他："为什么？不是好好的吗？"

他说："你见到了，我在外面有人了。"

这话从他口中说出来时，我的天一下子就塌了。

我记不清那时候到底是想了什么，只觉得自己像个溺水的人，拼命抓住那根并不牢靠的救命稻草。

我哭泣着，向他下跪，哀求："能不能不离，我还爱你。"

等我抬起头来，看见的是他满脸的不屑和厌恶。紧接着，是他摔上门、离开家的背影。

伴随着关门声，我的世界一片寂静，静得可怕。

02

其实，这样的婚姻组合随处可见：一个哪哪都好的女人，配上一个哪哪都不好的男人。

乍一看，两人天差地别，根本想不到能有什么交集。

但细想一下，磁铁的两个极端，才能牢牢吸引。

一个眼里只有别人，从来没有自己的好女人，越是牺牲自己，越有存在感；越是没有界限地付出，越觉得自己的生命有价值。或许遇见一个普通的男人，她反而无法牺牲自己，无法感受到自己的价值。

为什么会这样？

一是自我价值的丧失。

自我价值就是你怎么认识你自己，怎么看待你自己的价值。

换句话说，自我价值就是你认为你自己是什么，你是不是有价值，你是不是值得被爱。

有些人需要通过别人的证明才能感受到自己的价值。只有别人表现出对她的爱的时候，她才感觉好一些。

这就是许多"低价值感"的人面临的困局，她永远需要一个人来依靠，却不管这个人是否靠得住。

03

为什么不管这个人是否靠得住呢？

这就是第二个原因，她们太恐惧了。

她们恐惧拒绝、恐惧冲突、恐惧愤怒、恐惧孤独，更恐惧抛弃。

发现老公出轨，她们愤怒，却不敢表达愤怒。

她们总是在付出，却不敢索取，不敢要求对方，是因为害怕冲突。

一步步后退，一步步失去自己的界限。

这一切的忍让讨好，最终都是为了不被抛弃，却往往落得一个背叛的下场。那是因为不尊重自己界限的人，自然也得不到别人的尊重。

一旦感受到被抛弃，她们就像是被点了死穴一般，瞬间变成了那个童年时候对一切都毫无办法的小孩。

付出、讨好，做一个"好人"，对她们来说，是最容易、最熟悉、最安全的生存策略。

为什么朋友面对老公出轨后要求离婚这种如此"理不直气还壮"的做法，仍然不敢质问，甚至下跪哀求。

是因为深爱这个男人？是因为珍视自己的家庭？

都不是。

那是因为她从小父母就在外工作，她被爷爷奶奶养大。每个生日，她最大的心愿，就是能见到爸爸妈妈。

每一次，爸爸妈妈回家，她晚上都不敢睡着，早上也不敢睡懒觉，她是如此恐惧自己一旦放松下来，第二天就看不见爸爸妈妈了。

那是因为在一个人的世界里，无人陪伴，无人关心，无人理解，活着却像是已经死了。

她做的所有努力，好好学习，认真做家务，小时候做一个好女儿，长大后成为一个好妻子、成为一个好妈妈，都是为了不被抛弃，不再体验只有一个人的感觉。

当老公要离开她的时候，就像是按下了她心中那个定时炸弹的按钮，启动了她最深的恐惧。

所以，她只能哀求，企图抓住手边一切能抓住的稻草。

04

事实上，人们的自我价值并不来自别人，而是来自自己。

朋友的转变是从"内在小孩的疗愈"开始的。

她在冥想中，走回小时候住的那栋房子，看见童年时期的自己独自待在房间，独自玩着玩具，四周空无一人。

她蹲下来，看着那个小孩，那个曾经的自己，说："孩子，我看见你了。对不起，请原谅过去我一直忽略你的存在。

"这一切都不是你的错。这些年来，你的努力我都看到了。谢谢你为我的人生所做的一切。

"从今往后，我会一直陪伴你，和你一起面对人生的一切，我永远不会离开你。

"我爱你，我接受你的全部，接受你所有的优点和缺点。

"我为你的存在感到骄傲。我会永远爱着你，给你所有你需要的支持和爱。"

当她对曾经的自己说出这些话，她的眼泪一下子落了下来。

改变就是从那一刻开始。一年间，她忍耐着老公搬去和第三者同居的痛苦，寻找一切能帮助自己、能安慰自己、能支持自己的资源。

直到有一天，她发现，即使不用依靠别人，她也能自己站立。

而其实，她早就已经能够独自站立，独自前行。

一年后，她主动提出了离婚。这一次，反而是老公在愣了神之后爽快同意，又在一个月后苦苦哀求，希望她能再考虑考虑。

她决绝地离了婚，并想要告诉每一个女人：你们值得一切的幸福。

变优秀，就能阻止婚外情吗？

文 / 范俊娟

01

有人提出一个很有意思的悖论。

我不优秀的时候怕被对方抛弃，于是我拼命地学习。等我比他优秀多了的时候，我终于有了抛弃他的资本，却纠结了：

我要是不抛弃他，那我这一番努力岂不是白费了？

如果我抛弃了他，那我当初为什么要结婚？

如果继续下去，我是不是还要担心他一旦超过我，又把我给抛弃了？以后我到底是该打压他，还是应该帮助他去提升，然后等他来抛弃我？

总之，你要么努力变优秀，然后有资本抛弃对方；要么不努力、不优秀，然后被对方给抛弃。

这个逻辑乍一听有点道理，但是你细细品味，会发现在这样的逻辑下，婚姻只有死路一条。

你不管是打击对方，限制对方，试图掌握话语权拥有抛弃对方的资本；还是帮助对方，成全对方的提升，然后等对方变得越来越好的时候，你又开始害怕被对方抛弃。

这个两种状态下的两个人在婚姻里都是不幸福的。

我们去深究这个逻辑的话，背后其实有个共同的前提：我不相信我会变得越来越好。

我害怕你会抛弃我，所以我打击你、否定你，让你不要变得更好，这个前提是我被自己的害怕所控制，我不相信我也会变得更好；我帮助你提升，支持你做更好的自己，却害怕有一天你变得更好了，会抛弃我，这是因为我深信你会变得更好，而我却不会。

为什么会有人被这样的害怕给捆绑了？

02

我不够好，而且我永远不会变得更好，是人讲给自己最大的谎言。

其实现实中这样的案例比比皆是。

有这样一个案例，女孩子还没有正式大学毕业，男朋友已经有丰富的工作经历。

在一起的两年时间里，女孩子越来越感觉自己不被尊重，自己的社交圈被男朋友说成："成天跟这些人混，以后你怎么能找到好工作？"

女孩子穿衣打扮，男朋友觉得不够时尚漂亮；女孩子发表一些对事情的看法，男朋友觉得她太幼稚不够成熟。

跟他在一起，女孩子越来越觉得自己差劲，觉得自己哪里都不够好，还有很多需要提高的地方。女孩子想躲开他，逃开这样的关系。

这个案例里的男孩子就在试图通过打击否定的方式，营造这样一种感觉：

我处在权力上风，你要小心了，你必须要让自己更好，否则我就可能会把你淘汰出局。

问题是，为什么男孩子要给女朋友营造这样一种紧迫感？为什么不能轻轻松松地谈场恋爱呢？是女孩子真的有这么差劲，让他不满意，还是这是他的某种手段，为了达到自己无法言说的目的？

还有一个案例，是另外一种类型。

十年婚姻，丈夫白手起家，一心扑在工作上，常常是从一个城市飞到另外一个城市。太太在家带孩子，打理家庭，照顾好大后方。

熬过最开始的辛苦，丈夫的事业慢慢走向了正轨，收入越来越可观，孩子也慢慢长大了。太太没事的时候终于可以松口气，跟闺密一起喝喝茶，打打麻将，插插花，练练瑜伽，小日子过得也算是惬意。大家都夸太太好命，找了个"潜力股"，付出的所有都值了。

这本是最佳夫妻搭档，可是在婚姻的第八个年头里，问题越来越多地爆发出来了。

丈夫越来越少跟太太说公司里的事。因为他谈的那些名词，太太已经完全听不懂，也完全无法理解他到底在焦虑什么、在担心什么，她无法参与进他的生活。

而孩子的成长过程中，由于丈夫早年缺位，孩子跟爸爸之间相处的时间少得可怜，丈夫觉得妻子太溺爱孩子，觉得孩子身上有很多毛病，都是被妻子给惯出来的。两个人越来越无法沟通，一说就吵。

丈夫待在家的时间越来越少，后来妻子开始怀疑丈夫是不是背叛了自己，经常偷偷看他的手机，那时候妻子就已经被"被抛弃的恐惧"给控制了。

第一个案例，我后来跟男生沟通时，发现男生其实很在乎女生，也十分想要跟她结婚生子。但他的内心是恐惧的，害怕女生有一天会离开自己，这种内心的自卑和不安全感推着他，让他用打击女生的方式来试图更稳操胜券地留住女生。

他的潜在逻辑是：我剪断你的翅膀，让你飞不了了，你就会永远陪着我。

第二个案例中的太太，最开始为了家庭，选择了放弃自我成长，拿出更多时间和精力来陪伴孩子的成长。

但是在这个过程中，太太跟老公的眼界、认知、格局、人脉资源等有了越来越多的差距。两个人本来的互相支持，变成了互相不能理解。

虽然两人依然生活在同一个屋檐下，但事实上他们的关系却越来越像室友，缺少了彼此的情感支持和心理上的互相分享。

这两个案例里，一个是因为害怕被抛弃，选择了去打击、否定对方，隐性地限制对方的发展，可是最终换来的是对方更快的逃离。

另一个是支持对方的发展，却放弃了自我，结果以为自己苦尽甘来的时候，却随时面临被抛弃的恐惧。

这两种选择最终都以关系破裂而告终。这也让我们看到，无论你选择走哪条路，如果你忽视了自我的成长，被抛弃的恐惧都会如影随形。

自我成长是一种姿态，而优秀更像是一种结果。

我们常以为优秀是不被抛弃的护身符，高喊着我要让自己变得更优秀，然后掌握抛弃他的资本，似乎只要自己变优秀了，就万事大吉了，真的是这样吗？

03

优秀跟抛弃到底是什么关系？

毫无疑问，一个不优秀的人，如果被抛弃，会过得很惨；但一个优秀的人，如果被抛弃，有能力让自己生存得很好。

如果你足够优秀，哪怕你不幸被抛弃，你也不必担心分开之后自己没有地方住，孩子的生活费会没有着落，自己未来的生活会无依无靠，因为你可以自给自足。

这是一种离开的底气。优秀可以让你离开的时候，保留最后的尊严。

但是优秀并不等同于不会被抛弃。

如果说一个人优秀了，便不会被抛弃，那么事业型的女强人、女老板应该得到更幸福的婚姻，可是为什么还是有很多人并没有得到？

为什么很多人人都夸赞、说是很会赚钱的人，就是经营不好亲密关系？他们都很优秀，但是却不会处理亲密关系。

因为婚姻经营和婚姻危机的应对是两件事，我们要从两个维度来看。

优秀跟被抛弃的关系，大致可以分为这样四种状态：

第一种状态：不优秀也不会做人。

在这个状态下的人，工作赚钱能力会受到阻碍，现实中的各种关系也会不顺畅，活得很辛苦也很孤单，经常体会到一种挫败感，觉得自己什么都做不好。这种状态下的人如果再遇到婚姻变故，这会是人生中非常重大的转折点。

这种状态下的人，会很害怕被抛弃，但是要变得优秀也很难，他们要花很大的能量去修通自己做人的底层能量。

第二种状态：不优秀但是会做人。

在这个状态下的人，往往会有单纯的快乐和幸福，他们看上去好像胸无大志，但是很知足，人生能够享受简单的快乐，精神世界其实很丰富，但成长的速度往往会慢一些。

这种人如果被压迫到一定程度，可能也会主动抛弃更优秀的人。

第三种状态：优秀但是不会做人。

这种状态下的人现实中常常会有比较严重的焦虑，缺乏安全感，尤其是在亲密关系中，他们常常会找个并不是很优秀的人，然后把不够优秀的焦虑投射给对方，催着对方变得更优秀，然后自己的焦虑就可以得到缓解。

这种类型的人，即使自己已经很优秀了，也不太会轻易抛弃对方，因为他们建立起对别人的安全感是很不容易的。

第四种状态：优秀也会做人。

这种状态的人通常不太会秀自己的优越感，更懂得照顾他人的感受，他们内心是比较和谐一致的，跟周围的环境也会和谐一致，亲密关系中幸福感也会比较强。

这种状态下的人，基本上不会为抛弃不抛弃这类事情焦虑，他们想的都是如何让自己和身边的人更幸福。

优秀在婚姻里是一把双刃剑，既可能成为你的优势，也可能成为你的劣势。

一个优秀的丈夫如果天天把我多优秀挂在嘴边，打击妻子，觉得妻子见识浅薄，说什么都不对。那么妻子面对他的时候，难免会退缩，会觉得我可能会被比较、被瞧不起，妻子便可能在他面前穿上"防护盔甲"。这样的优秀变成了伤害夫妻关系的一把利剑。

而一个不优秀的丈夫如果天天被妻子念叨不努力不上进，妻子总觉得丈夫对未来没有规划，要自己一个人操心整个家，觉得丈夫不可以依靠，那么丈夫的不优秀便会成为劣势。

我们可以依靠自己的优秀来应对婚姻中的危机，但却无法依靠自己的优秀来经营好一段婚姻。优秀并不能让我们在婚姻中立于不败之地，因为婚姻考验的是更复杂的能力——关系处理的能力。

那么，到底什么是关系处理的能力？

04

修改你内心的关系模式。

假如你内心的关系模式是：

蛋糕是贫乏的、有限的，而人与人是竞争的关系，要么是你优秀，要么是我优秀。那么你生活的关系模式就是封闭式的，是限制性的。

这种限制性的关系模式会压制个人的成长，这种关系模式下的人始终在维持僵化的模式，人的能量都用来维持模式的稳定，这就形成一种内耗。

在封闭式的关系模式里，被抛弃的恐惧像皮球一样，被推来推去。谁是弱势的一方，谁就会被恐惧的皮球给压倒，而没有力量把恐惧的皮球再给推走，只能被这种被抛弃的恐惧给带着往前走，走到一定程度，再把恐惧的皮球踢给对方。

如果一个人一直生活在这种恐惧里，进入婚姻时便会带着这种感觉，始终不敢让自己放松。

而另外一种开放式的关系模式是：每个人都有无限的潜力，你可以在这里自由地做自己，并且我会是你的同路人，和你具有同样的目标和渴望，我们是这条路上的最佳搭档。

哪怕真有一天，因为某种原因必须要分开，我们都知道这一路上彼此都有成长，会惦记和感谢对方，因为对方曾经是自己成长路上的见证人。

所谓关系处理的能力，就是你内心对于关系的图式是怎样的。

是封闭的，还是开放的？如果是封闭的，你有没有尝试打破过自己关系中的规则？有些什么样的限制正在束缚着你？这就是对自己内心关系模式图式的修改。

05

如果你每天都在琢磨"抛弃"这件事，你永远不会有幸福的婚姻。

试想一下，就算你很努力地让自己变得越来越优秀，然后拼命打击对方，让对方变得越来越萎缩、自卑，难道对方就不会抛弃你了吗？

万一有一天他遇到一个懂得欣赏他的人，奋不顾身地奔向对方了，你怎么办？

这种情况下出轨的案例数不胜数。

你对抗什么便会得到什么，越是要抓紧什么，便会越快速地失去什么。

之前听说过一句话，我深以为然。

一个人要保持美好的东西和最佳的状态，是内心深处没有和任何东西对抗，一旦你做好和任何东西对抗的准备，你就会失去这种状态。

婚姻也是如此，你想要拥有幸福的婚姻，便是你心中没有任何要去对抗的东西。

不管是他，还是你自己，还是其他，一旦你开始对抗，你所对抗的便会逆流而上，加倍袭来。

如果你一直在对抗抛弃，每天都在想我要怎么不被抛弃，或者我要让自己变优秀然后抛弃对方，你就很难获得幸福。

因为当你每天都在琢磨"抛弃"这两个字的时候，你本身就是向着不幸福的婚姻去发展的。

我们常常会有一种误区，是不是我克服了缺点，剩下的就全是优点了？是不是我打败了不幸，我便会获得幸福？是不是我们解决对婚姻不满意的地方，我们就对婚姻感到满意了？

其实并不是你克服了婚姻中的不幸福，你就会获得幸福。不被抛弃跟幸福婚姻，完全是两回事。

要想获得幸福婚姻，你每天要考虑的是，我要怎样让我们在一起更开心、更快乐，更让我们走进彼此的心。当你运用这种思考模式的时候，你做的所有的事情都跟抛弃或被抛弃无关。

如果你一直在跟不幸对抗，你就永远不可能找到幸福，因为你一直在关注和吸引不幸。

如果你一直在跟自卑对抗，你也永远不可能变得自信，因为自信是另外一套语言系统。

如果你一直在跟对方的缺点较劲，你也永远不可能真正看到对方的优点。

这些都是两套语言系统，如果你一直在负面的语言系统中打转，你只会在那里迷失自己，找不到出路。你永远无法走向你内心真正想要的结局。

你必须要调整你的思维方式，把自己的频道调整到积极正面的那座宫殿里，找到自己的定位，然后找到你想要去的方向，向着那个方向给自己规划路线。只有这样，你才能真正地走过去，否则你会永远在自己的不幸里打转，走不出来。

都挺好，是中国婚姻最大的谎言

文 / 范俊娟

01

"你是女孩，活该是家里的次等公民。"

开始看《都挺好》的时候，我一直有一个疑惑：为什么一个妈妈可以对女儿这么冷漠和无视？

哥哥们有的她没有，哥哥们不用干的活她要干，不管她多努力、多优秀都没用，就因为她是个女孩，所以活该做个"次等公民"，在家里没有地位，没有发言权。

《都挺好》的剧照摆明了在说，在妈妈心里，你不重要，就因为你是个女孩。

她还不能抱屈，不然就会被说，有你一口饭吃就不错了，你就是个白眼狼，不知好歹，还不知足？你怎么就那么矫情、金贵，房子是我们的，做什么还得跟你商量？

似乎女儿生来就是被利用的，不是被爱的。

仅仅因为她是个女孩，所以活该被亲妈这样对待？为什么会这样？编剧是不是有点太夸张了？哪怕至少要有一点点亲情和体己话吧？

可是都没有，没见过这个妈妈对苏明玉露出一次笑脸，任何一点点跟母女亲密有关的镜头都没有。

二哥要求明玉帮自己洗衣服，苏母："你就不能帮你二哥洗了吗？"

明玉补习班需要交钱，苏母："我费了好大劲，帮你联系了免费的师范，你去上师范吧。"

明玉发现家里没钱给自己交学费，却能给二哥买房结婚，生气地回家质问。苏母："你是女孩，我养你到十八岁，你就该自己出去养活自己了，不惯着你。"

事出反常必有妖，后来我终于想到一点，能够帮我合理化这个现象：这个妈妈面对女儿的时候，是逃避和疏离的，这背后可能暗藏了她对自己女性角色的轻视和排斥。而女儿作为第一个在她面前完全弱势的同性个体，成了她对女性身份的矛盾心情的受害者。

02

有时候我会想，苏母作为一个母亲，看到自己的亲生女儿受尽屈辱和冷遇，经受如此不公平的待遇，内心真的没有一点点感觉吗？

答案可能是，真的没有。

我很好奇她是怎么做到让自己屏蔽掉女儿所有的哭喊和委屈，而假装什么都没有发生过一样？

后来我看到原著提到她自己就是个"扶弟魔"，跟苏大成的婚姻就是一场交易，因为苏大成是城里人，她要帮助家里完成阶层的转变，而苏大成看上她的漂亮和能干。

我并不是说交易不好，而是在这场交易里没有爱，只有女性的自我牺牲和成全。在这样的交易里，她学会了一个简单的道理：我不重要，男人才重要，所以我要生儿子。这个老公靠不住，我要生个能给我撑门面的儿子。

她是个在苦水里泡大的女人，生活使她的双手布满老茧、皮肤皲裂，面对女儿又白又嫩的小手，她的心情是非常复杂的。

第一层是恨。

曾经我有的，已经被摧毁。摧毁我的那些人，是男人，是父母，是时代，也是我自己，这些人太强大了，我无法报复任何人，我也无法恨他们。

那些恨像一锅滚烫的水，每日都在冒着水泡翻滚着，无处安放，没有这个女儿的时候，平日里自己还可以费尽心思把这些恨藏起来，她甚至想过要离婚。

可是女儿出生之后，她的最后一条活路也被断送了。每天看到女儿在自己眼前晃悠来晃悠去，那些恨被不断地勾引着，结果女儿就成了她恨的替罪羊。

第二层是嫉妒。

凭什么我要接受命运的安排，我要接受生活的磨砺，只能眼睁睁地看着自己白白嫩嫩的小手，长满了老茧，看着自己跟一个窝窝囊囊的男人生活一辈子。

你却可以去读自己想读的学校，你却可以为自己的梦想奋斗，你却想要活得有尊严，活出你自己？

女人都是这样过的，你怎么可以例外？假如你真的成了一个例外的话，那是不是意味着我的今天，原本也可以不必过得这么惨？

我妒忌你的敢作敢当，敢于去做自己，但是我永远不会赞扬你、认同你，因为那是在打我自己的脸。

第三层是轻视。

这样的妈妈看待女人，总有一股子多年媳妇熬成婆的悲凉。

我年轻的时候谨小慎微，看父母的脸色讨生活，为了全家倾尽所有，包括我自己的身体、婚姻和未来，才能够在那个家立住脚，有了一点点的位置。到了这个家，终于到我"翻身农奴把歌唱"的时候，家里的一切大权我说了算。

你现在正处在我当年的位置上，而我掌握了你的生杀大权，凭什么你不向我低头？

你应该像我当年一样，谨小慎微，把自己当成奶牛，吃的是草挤出来的是奶，供养全家才可以。凭什么你不但不如此，还敢跟我顶撞？我给你口饭吃已经够仁慈了，你竟然还不知足？

扭曲的认知，会让一个人失去本性中的爱和善良。

不知道如果苏明玉结了婚，她也有个女儿，她会怎么对待自己的女儿。她会重蹈妈妈的覆辙吗？她会跟自己的女儿亲昵吗？会像当年自己被忽视一样忽视她吗？

还是会教她女人要自立，要靠自己，其他人都靠不住，做个女强人呢？

我不知道。

03

在我们有一个孩子之前，我们常常会想：我一定不会让我的孩子经历我曾经的痛苦，我一定不要做个像我妈妈那样的女人。

但结果常常事与愿违，尽管我们小心再小心，结果往往还是多年以后，午夜梦回的时候，恍然发现自己竟变成了自己妈妈曾经的样子。

恐怕面对苏母，明玉内心也无数次这样告诉过自己，我长大了绝对不要像我妈，可惜苏大强给过明玉一个评价：你太像你妈了。

她身上的强势，她的有苦不解释，她的咬牙独自承担，跟苏母其实是一样的。

苏母面对生活甩给她的苦，只能在照单全收的同时，一点点把自己磨得皮糙肉厚，好让自己没那么痛。她不停地给自己打麻药，不去体会那些无奈和不如意，变成了一个看上去强势冷血的人，连带着女儿的委屈和痛苦也一并给隔绝掉了。

苏母一生都在听从命运的安排和反抗命运的安排之间摆荡。

她要强，好面子，想要别人瞧得起，卖了房子也要供老大去美国上学。她帮助原生家庭完成户口的变迁之后，原本是想要和一个她以为会爱她疼她的男人一起远走高飞，那是她对命运的反抗，可是最后命运弄人，她还是留了下来。

她漂亮能干，做事麻利、果断、有主见，假如放在一个更好的时代，她跟苏大强会是完全不同层级的两个人。可就因为她是女孩，她的人生就要为弟弟铺路，她永远不能做自己人生的主角。

明玉的一生也在反抗一个同样的问题：我是女孩，我不比任何人差。

她想要证明给所有人看，她希望通过自己的努力，让自己可以被善待。所以她打好几份工赚钱养活自己，还要上街发传单；别人睡觉的时候，她还在苦熬学习，她为自己规划未来的人生。她拼命抓住每一个从她身边擦身而过的机会。每个困难时帮过她的人，她都记在心里。

不管周围的人给她以什么样的恶意，她始终没有让自己绝望。

她的外表长满了坚硬的刺，内心却在某个角落暗暗藏着一个柔软的空间，期盼着有一个真心爱她、懂她的人来软化她。

明玉一直在等，苏母也一直在等，正在看文章的你或许也在等。

但终究，只靠等是不行的，还需要拿出向命运抗争的勇气来。

当一个女人自己都放弃自己的时候，世界就会继续还以残酷；当一个女人去拯救自己的时候，全世界都会向她臣服。

苏母曾经抗争过，最后却向这个世界缴械投降了，六十岁死在了麻将桌上；明玉也真刀真枪地抗争过，抗争的同时，擦亮了双眼，活得越来越通透。

当她超越性别，超越原生家庭，超越自己时，她就是自己生活的主宰。

我看到有越来越多的姑娘，活成了明玉后半生的样子。希望这个世界，能够对每一个努力的女人温柔以待，不辜负明玉们那颗哪怕历经刀叉剑戟，依然努力保持温度的心。

巩固婚姻的真相：动态平衡地付出

文 / 夏一丹

2019 年开年，有部韩剧《浪漫是一册副刊》（로맨스는 별책부록 OST），豆瓣评分 8.1。

剧里，入伍前的李钟硕与时隔九年后重返荧幕的李奈映分别担当男女主角。不必说这一段甜蜜暖心的姐弟恋情带来的欣喜与美好，我想说的是剧里一对配角夫妻带给我的深深的触动。

与男女主同在一个出版社工作的徐英雅和奉志弘是一对夫妻，他们都是出版社的创社成员，都热爱自己的事业，都善良真诚。

然而，这对三观一致，结婚多年的夫妻，突然就离婚了。

我付出了那么多，到头来却不如一个外人

奉志弘是穷人家的二儿子，他哥因公司倒闭进了监狱，一大家子全都靠他来养。

很显然，这是一个重负，可贵的是，职场实力派人物英雅对此非常理解，更可贵的是她毫不犹豫地与他共担重任。

她对婆家人的关怀已经成为习惯，甚至比奉志弘更用心、更投入：

将婆家侄女们视若己出，带侄女们一起去旅行。逛街时除了买婆婆的内衣和孩子的鞋子，还想着要给大嫂买件好看的大衣……

也因此，徐英雅虽然是一流出版社的组长，收入丰厚，但却选择降级消费，花钱缩手缩脚，买东西也只敢去地下商城。

这样的付出，徐英雅始终心甘情愿，无怨无悔。

直到那次与丈夫奉志弘一起逛街时，一个小插曲的发生。

那天，徐英雅和奉志弘一起，买好家里人需要的东西后，她被一双漂亮的鞋吸引，遂在老板的邀请下进店看鞋。

不想在问价、问尺码时，徐英雅遭到老板的刻薄对待，被嘲讽和嫌弃：根本就没打算买，还摸来摸去，刚开张就这么晦气。还被直接驱赶：快出去吧，我不卖了！

而对妻子经历的这一切，老公奉志弘却波澜不惊，置身事外。

妻子满怀期待与欢喜地进店看鞋时，他坐在一旁拿出一本诗集自己安静地看；妻子被骂被赶愕然无措时，他不慌不忙地将书收起来，息事宁人地说"老婆，买一双吧"；妻子和他说自己的委屈与怒气时，他不以为然，轻描淡写："人家在吃饭，难免会嫌烦。"这还不够，他还为对方辩护——做生意总是会遇见各种各样的人……

甚至他还一语点破了妻子的"真心"：说实话你也没打算买啊，一直在问价钱。

无论哪一句，都暗含着对妻子的压制甚至责备。他既看不见妻子的尴尬、难堪和无助，更无视妻子的委屈和受伤；他不懂妻子的苦心与狼狈，更分不清自己的战线与立场。

活脱脱一个事不关己的外人。

他在我身边，有何用？

这对英雅来说，是一场羞辱。

所以，从来都像个大女人，将照顾婆家人视为己任的徐英雅，因为这个小插曲，情绪失控，当场爆发了，她歇斯底里地怒吼："你在帮谁讲话呢？你在偏袒谁呢？我是外人吗？你该理解的人不是他，是我！我！"

出版社的实力担当，职场上的优雅女人，在那一刻硬生生变成了一个大吼大叫的疯子。

事过良久，即便已经和丈夫离婚，在和别人说起这件事时，徐英雅还是瞬间眼泪汹涌，哭到停不下来。

她说："我也想买皮鞋啊，我工资低吗？

"我为什么没买？为什么一直问价格？先不说他不懂我的心思，但至少，那家伙说我晦气、想撵我走的时候，他当老公的应该责问那人'怎么跟我老婆说话呢'。

"这样才算老公吧，不是吗？"

谁说不是呢？触动我的恰恰也是这一点：

夫妻生活中，有无数的鸡毛琐事，各种的分歧争执。我得不到你的理解，可以试着接受；我为你默默付出无怨无悔，得不到回报，尚可努力隐忍。

可是在危机到来的时刻，那个你在心底设置为最后保护者的人，却眼睁睁地看着你倒下和破碎，还一脸无辜和茫然，甚至在最后，加上一句"你会受伤，错在你自己"。

你倾尽所有，却也落得一无所有。

所以，徐英雅说：他在我身边，有何用？

婚姻的破裂，是内心边界的沦陷

一根稻草根本不至于压死一头骆驼，婚姻的墙倒塌下来之前，其实早就有了征兆。

卓文君曾写下《白头吟》：愿得一心人，白头不相离。

宋代有位叫李之仪的男人也写道：只愿君心似我心，定不负相思意。

天下每对夫妻，都盼着自己所有的深情被看见，所有的付出有回报；更盼着，在自己受到伤害的时候，能得到真正的安慰和庇护。

可是为什么徐英雅付出那么多之后，却没得到奉志弘的安抚和保护？

事实上，奉志弘对徐英雅的感激和爱是清清楚楚地记在他心里的。

当妻子交给他离婚材料时，他因为愧疚，忍痛同意了离婚，只希望这能让她好过点；即便离了婚，他也始终将她当成自己的妻子，牵挂满满，默默地盼着她再回来。

他也是个有责任心和悲悯心的人。

哥哥坐牢，他义无反顾养起全家；诗歌落寞，所有出版社不出诗集，他想出各种办法争取权利；一个颇具才华的诗人在穷困落魄中去世，他自责到辞职不想再当出版人；他负责的作家过生日，他准备礼物亲自上门祝贺。

每一个人他都能理解和支持，每一件事他都全力以赴，却偏偏，落下了妻子徐英雅，那个活得比他更像他的人。

因为英雅持续不断的付出和不计较，可能他已经习以为常，也无以为报。甚至已经让他产生了一个错觉，她就是他，他也是她。

很遗憾，这不叫深情，这是一种共生。

"婚姻教皇"约翰·戈特曼说，婚姻的基本任务之一是在丈夫和妻子之间建立"我们"意识。说得更直接一点，就是夫妻之间一定是要一条心，要团结。

但团结和共生，却有天壤之别。如果说团结起来是力量，那么共生底下却是混乱和纠缠。

社会心理学有一个概念，叫心理边界。

心理边界是怎样一个存在？

就像一幢房子会有墙，一个球场会有标志性的圈定一样，人的内心世界也需要建立限制和空间。

显而易见，房子盖得越牢靠，就有越久的生命力；心理边界越清晰，人际关系就越稳定与和谐。

可在现实中，当一个走在路上的人突然被另一个人拿走自己手上的包包时，他的第一反应一定是自己的权益受到了侵犯。

可是你因为内心的一些想法去承担原本不属于你的责备并为此委屈和压抑着自己，你却有可能觉得这是天经地义。

这正是心理边界的模糊之处。

共生式的付出，藏着他们更深的渴望

就像徐英雅和奉志弘之间，英雅为了家人，舍不得买一双自己喜欢的鞋；奉志弘因为诗人之死而背上重负甚至不想再工作。

这确实很感人，可值得思考的是：

为什么一个人要为了别人去做超出自己承担能力的牺牲？又是为什么，一个人要背负本不该由自己背负的包袱？

要知道，那所有多出来的付出和承担，可能都只是自己的一厢情愿和自以为是。

显然，他们的付出，其实藏着他们更深的渴望，那便是，被认可和被爱。

为了得到这样的认可与爱，他们都在共生式地付出。徐英雅与老公和婆家人活成了一体；奉志弘和他眼中的弱势人物活成了一团。

而这，恰恰挤占了两个人的情感空间。以致徐英雅都忘记了，她背负的责任已经太多太多；关键时候，奉志弘也忘记了那个他最该去保护的人，是妻子徐英雅。

所以，婚姻中的人，一定要遵守一条定律：

一旦你的付出得不到回应，就应该有所质疑，而不是用更多的付出去掩盖内心的失望。

因为单方面的付出，只是单曲循环，只有双向式的呼应，才可能筑起内心稳固的城墙，庇护一对夫妻情感的周全到白首。

离婚老公用抚养权要挟，为了孩子我该忍吗？

文 / 刘郁

问：

我和老公结婚就是一个错误。一开始我就知道我们不合适，但是已经有了孩子，只好结婚。

婚后，他从不交家用，家里所有开销都是我来出，现在我们住的房子也是我婚前买的。他偶尔做做饭，其他什么都不管，经常在外面喝酒不回家。

我不知道他在外面是不是有情人，说实话，我也不在意，我只有一个原则就是他不要碰我。

这样的婚姻已经很扭曲了，我提了离婚，可他说孩子必须跟他，但孩子从出生起就是我在带，和我感情很好，现在一岁多。

我知道可以走法律程序，但是他平时对孩子不错，还说自己可以不上班天天守着孩子。他不讲理起来，完全是个无赖。

我不知道要怎样才能摆脱现在的一切。

我是单亲家庭长大的孩子，不想给孩子带来不好的影响，您能给我一点建议和意见吗？谢谢。

答：

你的提问比较简洁，但文字背后蕴含的信息量却非常大，并且带有比较鲜明的个人"表达风格"。在回答你的问题之前，我们先来看看你的"表达风格"。

风格一：观点或结论缺少相关的依据，或缺少必要的逻辑支撑。

比如你说：我和我老公结婚就是一个错误，一开始我就知道我们不合适，但是已经有了孩子只好结婚。

"一开始就知道不合适"到"因为孩子结婚"，听上去像一个令人脑洞大开的"神剧情"，两者之间缺少必要的事实基础。

你省略的情节是整个事件的背景与过程，以致我不知你之前经历过什么；不知你在怎样的情景与心境下，做出结婚这样的选择。

但好在"真事隐去，假与村言"本身是一种揭示，揭示出你所回避的部分。

再比如，你说先生对孩子还是很不错时，可是通篇下来，我只看见你"丧偶式"的育儿经历：先生从不交家用，除了偶尔做做饭，其他什么都不管，经常在外面喝酒，还常常不回家，孩子从出生就是自己辛辛苦苦在带。

那么他对孩子的"还不错"体现在哪里？是你没有如实陈述，还是遗漏或隐瞒了其他细节？

风格二：沉浸在无辜的"圣母"的角色里，没有自省的觉察。

"圣母"的形象是悲苦的、幽怨的，内心是纠结的、不甘的，她站在道德的制高点上俯视着身边的人，只是现实残酷，她却无力改变什么……

那么，"圣母"有哪些特质呢？

1. 付出感

其实涉及选择，人的本能总是趋利避害的，许多利他行为的本质也是谋求共赢的。

但是"圣母"却经常强调自己的付出，经常把"为了谁，为了啥"挂在嘴边，却有意无意地隐藏自己的真正需求。

这种付出，既不是心甘情愿地付出，也不是无怨无悔地付出。她的付出总是以牺牲为前提，类似于一场零和博弈，付出越多，牺牲越大，损失也越惨重。

你说自己当初为了孩子选择结婚，现在又为了孩子忍受着一切。

爱孩子本身没错，但强调为了孩子忍受这一切，却大可不必。即便忍下去，也未必值得。

幸福健康的家庭基石是伴侣关系高于亲子关系的。

伴侣关系经营不好，孩子从小在冷漠紧张的氛围中长大，"不好的影响"才是最严重的。

2. 无辜感

无辜感如同一道"免责声明"：这不是我的错，我已经这么痛苦了，全是你的错！

但是一段长期关系的达成与维系，是两个人共同塑造的结果，没有单纯的受害者与施害者。

如果以全景的视角来看你们的婚姻生活，你真的是那么无辜吗？

这个妻子从一开始就不爱先生，也知道两人不合适，但两人还是发生了关系，并且因为怀孕结婚了。产后一个月，妻子就准备离婚，并且一直拒绝夫妻生活。

抛开母亲的角色，这个妻子是相当草率而冷漠的。你一直在数落先生的种种不是，却对自己的问题缺乏审视与反思。

从"一开始就觉得不适合"到"结婚"，并不是必然的单选答案，这中间有很多你可以主动把握或弥补的机会：

如果觉得不合适，可以选择不要交往；

即便交往了，可以选择不轻易发生关系；

即便有了亲密行为，可以选择做好避孕……

不知你在这之间做了什么或没做什么，总之最后的"因为孩子而结婚"成了你的必然选择。

如果从一开始就觉得这是个错误，你是如何让这个错误发生并存在的？又是如何一步步走向失控的？你在整个事件中应负哪些责任？对此你却只字未提。

之所以要在回答你的问题之前，剖析你的"表达风格"，是因为你对自己的"表达风格"可能是没有清晰认识的。

如果可以像照镜子一样，看见一个更真实、更全面的自己，相信今后做选择的时候，因为有了"自知之明"，你会增加选择清晰度与方向感。

接下来，回到你的提问，我给你的建议是：

一、客观全面地评估自己的婚姻，尤其是将过去回避的或遗漏的信息，重新纳入视角，先尝试修复婚姻。

在这里，可以先追问自己几个问题：

当初先生吸引你的特质有哪些？

这些特质现在改变了吗？

在你们相处之初，你对这段关系的期待与需求有哪些？

对于你而言，尝试婚姻修复的意义在于：

你不再是一个被事件卷入的无辜者，你要学习做一个有目标的执行者。

本着对自己和孩子真正负责的态度，主动采取行动，勇于尝试。

即便失败了，也因尽力而为，不遗憾，不后悔。

二、如果修复婚姻失败，可以采取的离婚策略。

1. 准备离婚与操作离婚是两个不同的概念，此时更需要的是执行力。

2. 把所有涉及离婚的事项考虑清楚，比如孩子抚养权的归属，是否存在共同债务，财产分割、抚养费给付，对孩子的探视权等问题，必要时可以寻求律师的帮助。

3. 主动收集证据，但不要打草惊蛇。

你要知道，到了离婚的操作层面上，他回不回家，外面是否有情人，这些信息都与你能否顺利离婚有关，与能否保障你与孩子的利益有关。

4. 目前你与先生最大的争执是孩子的抚养权。你要先弄明白他争取孩子的抚养权的动机是什么？是舍不得孩子吗？或是不想离婚？还是想要多分割财产？

如果你所说的"他从不交家用，孩子从出生就是自己辛辛苦苦在带"是真的，那么基本上可以排除他不是真的舍不得孩子，换句话说，他并不是真想要孩子的抚养权。

至于"他说他可以不要工作，天天守着孩子"。一个经常不回家的男人忽然来个 180 度大转弯，从此变成一个尽职尽责的全职爸爸，究竟有多少可信度呢？

而且一个人的话越是夸张和过分，就越是存在漏洞，也越是可疑。

分析至此，你要明白，在争取孩子抚养权的问题上，讲道理与谈感情都是没有用的，你需要的是制定理性的战术，变被动为主动。

那么该如何行动呢？

A. 同意抚养权给他，看他如何实现"天天守着孩子"的承诺。

B. 沉住气，静观其变。

C. 如果你可以做到以上两点，往往男方会自乱阵脚。

为什么？

因为他的真实目的不是要孩子，孩子不过是他要挟你的手段。

D. 等他主动找你，把孩子送回来。

孩子的问题之所以成为你的软肋，是因为你相信他的话，不想、不敢做这样的尝试。

如果你抱着"与孩子一刻也不能分离"的心态，那么软肋就会是你的枷锁，你提离婚就只能是想想而已。

但这种情况下，一些女人根本听不进旁人冷静的分析，从头到尾只会念念叨叨：不行，我不能失去孩子，你不懂一个做母亲的心，我哪怕穷死也要带着孩子，我做不到这么狠心。

每当这时我都想大吼，谁让你真的放弃孩子了？这不是帮你争取应得的利益吗？让孩子跟着你过风雨飘摇的日子，就是你所谓的母爱？

最后的建议：

希望你接受专业情感指导，开展有针对性的"一对一"的咨询。你说自己是单亲家庭长大的孩子，那么你的"表达风格"很可能与你的依恋创伤有关。

如果你在生活中，经常感到"事与愿违"，那么进行专业咨询的价值与收获会更大。

一朵错误的花朵，会结出什么样的果实？别好奇，也别侥幸，先远离它，才不会被恶果所伤。

离婚一年后，前夫依然对我纠缠不休

文 / 崔乐会

问：

老师您好，我已经离婚一年多了，还没有孩子。

但前夫一直对我纠缠不休，还骂我不守妇道，结婚了还和大学男同学散步聊天。

他对我有怨恨，之前他边工作边考研，考研没考上，一直耿耿于怀，觉得是因为陪我耽误了他的时间。其实是他对自己要求太严苛，期望在一两年内考上北京某所著名的文科院校，是很难的，不是吗？

令我意外的是，直到现在他还哀求我，叫着我的小名，说"我离不开你，咱们不要分开好不好"。

我是他的初恋，离婚后我一度觉得，我的离开是不是对他造成了心理创伤？往后的生活，他能遇到自己的真爱吗？

一直觉得分手也好，离婚也好，应该是"君子断交，不出恶语"的。他现在这样纠缠，我很意外，也很无奈，更多的是烦恼。

现在这种情况真的很棘手，老师您有什么建议或解决办法吗？

答：

离婚一般被看作关系的断开、结束。

但实际上，形式上的离婚和心理上的离开，却并不是一回事。

从时间上看，离婚一年多，时间不短了，按一般的理解，一切应该就此过去了，但是从你目前的困扰来看，你们的关系仍然在影响着彼此。

他对你的态度可以分两部分：

1. 恨意，所以有谩骂、有怨恨，不甘自己的牺牲付出，总之觉得不解恨。

2. 情意，不想分开，不惜放下面子求你和好。

不容忽视的是，这两部分都是情绪的真实表达，但又一点都不真实——正常的他没这么不可理喻，也不会那么卑微地求你。

他的态度对你来说，是个大大的考验。

"君子断交，不出恶语"，以此可以看出你内心最希望的分开，是和平的，最好是不伤害彼此的。

不管是他的恨意还是他的情意，都和你想要的结局不符。

他的表现让你意外，你时而觉得愧疚，怕自己曾经一起走过的人被自己所伤，时而又深受困扰，被他的行为所伤。

为何他不能像你想的那样好聚好散呢？在你心里，问题棘手的原因大概也就在这里。

停下来，认清外显问题背后的矛盾

很多人碰到问题，第一个想到的都是怎么办，但过于着急想要处理好问题，就如同身在沼泽地中还慌乱地挣扎，很容易越陷越深、越来越无力。

这时候你需要停下来看看：发生了什么？可以做哪些有效的努力？

离婚是创伤，不是所有人都可以友好、温和地面对，更不是每个人都能想得通、看得开。所以不管他的反应是恨意还是情意，你真正要做的是接受这样的回应，直面离婚"后遗症"。

面对他的恨意，你愿意承认自己就是伤害他的人。

面对他的情意，你愿意告别，允许彼此为自己的选择买单、各自负责。

也许愧疚时你曾这样觉得，他不可理喻的时候你也庆幸你们分开了。

但如果这些只是充斥在脑海里的想法，那不是真的想要知道怎么办，而是自己还没有准备好。

面对问题，更加了解自己

如果说发现矛盾、解决问题有什么意义，唯一的意义是让你更了解自己，继而让你庆幸，这个离婚的选择没有错。

两个人在一起有感情，也都是善良的人，最初肯定都不想伤害对方，很多当时过不去的事在分开后也能看明白。

这就是"君子断交，不出恶语"的状态，也是以为一切可以得到完美解决的理想型。

但在你过去的经验里，你一定会发现，在实际关系中，每一次的冲突才是真实的。

理解是远观，相处是承受。

你们在一起的时候，一定都各自做过努力去解决冲突，只是，只有内心是好的，并不能阻挡糟糕的事情发生，并且每个人的能力都有限，并不能总是把问题完美解决。

因此，认清底线和边界就很重要。

选择没有对错，但只要选择，就有一定的代价。

让人真正困扰的，不是问题的复杂，而是选择之后所要付出的代价。

这个代价你可能想到过，但和你的初衷相违背，你还没有做好准备去接受——选择了原来会是这样的结果？原来选择让自己可能成为这样的人……

这时候或许你会左思右想，于是干扰了做出选择时的底线和原则，没有了该有的边界。也可能你习惯尽量回避有代价的选择，于是把一个最理想的梦放在那里，达不到就让自己误以为是没办法了。

其实没有哪种选择是完美的，目前你们已经离婚了，如果这是你的选择，也请你下定决心，准备好面对对方对你产生误会、会不把你当成好人、会独自面对痛苦、会不记得你是谁的情况。

你需要接受的是，你们再无情感瓜葛了。

当然，你也可以让自己心疼他、担心他，这将代表着，你选择放弃已经分开的关系状态。

每一个强势女人的背后，都有一段破碎的婚姻

文 /Ally

如果用一句话来形容你的婚姻或者家庭，你会怎么说？

电视剧给出了一个对家庭的三个字的描述：都挺好。

《都挺好》里的家庭、婚姻和每个人，都有多好呢？

看过剧的人都知道，里面的人，都不太好，爸爸懦弱挑剔不讲理，大儿子虚荣自私，二儿子无能啃老，女儿叛逆要强。

而跟造成这一切有莫大关系的妈妈苏母，在电视剧一开始就已经去世了。

强势女人的高压婚姻：他怕了我一辈子

苏母是个强势而霸道的女人。

苏母去世后，丈夫苏大强准备"私藏"亡妻遗留下的 5 万元的存款，被女儿苏明玉看到，明玉佯装要抢，苏大强赶紧打感情牌："我被你妈管了一辈子了，现在藏点私房钱不为过吧？"可怜兮兮的模样让明玉看了都好笑。

懦弱的苏大强和女儿苏明玉，很多年都活在"强势妻子一手打造

出来的高压婚姻、高压家庭"之下。

明玉高三时，苏母为了筹集大儿子的出国费，强势卖掉了明玉的房间，让正紧张复习的明玉无法安心休息。

参加高考前，明玉想要1000元报补习班，妈妈絮絮叨叨一万个不乐意，还说给她争取到了一个免费的师范生名额，让她去读师范，完全不管明玉的清华梦。

为了小儿子结婚，苏母又强势卖掉了家里的房子，并对丈夫和女儿施压，导致女儿一气之下离家出走多年，直到她去世后，苏明玉才肯回家。

在一个强势女人的统治下，一家人，包括丈夫、孩子都没有自由和话语权。

这让我想起邻居王奶奶，她是有名的暴躁、泼辣，听说王爷爷年轻时斯斯文文、不善言辞，是个老好人，一辈子都活在妻子的嚣张气焰之下，最终郁郁寡欢，早早就去世了。

有次带对象回老家，王奶奶向我传授驭夫术："老公就得管紧点儿！你爷爷就怕我，他怕了我一辈子……"

王奶奶的儿媳妇在旁边偷偷跟我说："别听她的，我公公恨了她一辈子，临死都不想看她一眼！"

不知道是不是听到了这句话，王奶奶脸上那得意的笑容变得悲凉起来。

我感到莫名心酸，王奶奶，你想要的，真的是让他怕你一辈子吗？还是，爱你一辈子？

强势女人的婚姻，一直处在权力争夺期

我们在成长历程中遇到的第一个强势的人，常常是我们的养育者。面对强权，我们或自己习得这种强势（如苏母），或学着掌握面对强权的方式（如明玉）。

面对强势的人，我们可能会有四种应对策略：

顺从：我好害怕，我打不过你，我乖乖的；

抗争：我要跟你抗争到底，绝不服输；

回避：我（早晚）要离开你，不受你的控制；

报复：我要报仇，不管是明的还是暗的。

面对苏母的强势，苏大强采取了第一种策略，忍着，一辈子窝囊、受气；明玉小时候采取的是第二种策略，抗争、争取自己的权力，然而，当她发现行不通、斗不过时，她选择了第三种——离家出走。

这也是很多男人面对强势妻子会选的策略：刚开始不服气，要跟女人争个你死我活，经常吵架、斗争，这往往也是很多强势女人的婚姻常态。

如果自己斗争不过，或者厌倦了，男人或者就会选择第三种，逃离家庭，不对家庭负责，躲得远远的，或者选择第四种——报复。

电影《万箭穿心》中的男主角在妻子的强势高压下，选择了出轨、提离婚，甚至自杀，这是一种最终极的报复。

由著名婚姻专家麦基卓与黄焕祥（2007）合著的《懂得爱》，被称为"亲密关系圣经"，书中提出亲密关系发展的五个阶段：浪漫期、权力争夺期、稳定期、承诺期、共同创造期。

其中，权力争夺期是夫妻最为痛苦的时期，尤其当其中一方特别强势的时候，两人就会选择用争吵、冷战甚至暴力等方式来争夺话语

权和资源，而整个家庭会终日处在一触即发、硝烟弥漫的战争中。

这个每天充斥着吵架、斗争的痛苦期，早就没有了浪漫期的幸福甜蜜，这样的婚姻不但对孩子的成长不利，更会严重伤害夫妻感情，很多夫妻都是在这个阶段分道扬镳。

强势女人的婚姻，一辈子都处在权力争夺期。这样的婚姻，注定不会幸福。

想一想，好像这些结果，都不是强势女人想要的。

不强势，也可以得到爱

后来，听妈妈讲王奶奶年轻时打流氓的故事，我说王奶奶年轻的时候那么狠啊，把人都打骨折了。

妈妈正色说："如果她不狠，估计就被打死了。"

王奶奶没有兄弟，只有两个妹妹，父母和妹妹们性格懦弱，别人家欺负她家没男丁，都是王奶奶一个女孩子出头，年轻时她就"辣名远扬"，很多人都怕她。她结婚时就给了丈夫的家人们一个下马威，后来丈夫家道中落，家里也是靠着她这么厉害才没有被欺负。

妈妈说："你看，村里很多孤儿寡母都要受欺负，你王奶奶哪儿受过气呢？"

那一刻，我对王奶奶生出一丝同情和敬佩。

如果不是生活所迫，谁也不愿变得满身尖刺，充满攻击力。强势女人的前半生，全靠强势支撑，这就是她们的生存法则。

越强势的女人，越不容易，曾经的她们，必须非常用力才能获得爱、关注和尊重。长大后她们把这种模式带进了婚姻，用非常用力的方式经营婚姻、对待家人，希望他们用浓烈的感情回馈自己。

当然，效果往往适得其反。

因为，强势是一种对待外人的方式，而不是对待家人的方式。我们与外人需要争论对错和利益，面对家人，我们的表达一般只有两个目的："表达爱"和"索取爱"。

强势，看上去居高临下，其实也是在用比较激烈的方式表达需要。

一对夫妻来做咨询时，妻子觉察了自己强势背后的念头时，眼泪掉了下来，她说：

"表面上，我很凶很凶，要求他不许做某件事。其实，我还有好几层意思。

"第二层意思是：我不希望你做 ×××，因为，那样会伤害到我。

"第三层意思是：请你不要做 ×××。

"第四层意思是：求求你，不要伤害我。

"第五层意思是：求求你，爱我。

"越往深处想，我越发现自己的脆弱，越不能接受。我好害怕，我不敢暴露脆弱，只能用强势对待他，我怕他伤害我。

"我就像一个时刻全副武装、准备攻击别人的战士，一分钟也不敢放松。因为，我怕，我怕一放松，马上就会被攻击、被抛弃。"

她老公听完后，特别动容地抱住她，说："我感觉今天才算真正认识了你，以前我都不知道该怎么爱你。"

在婚姻里，强势女人想要的到底是什么？

无非是爱、关注、尊重、认可，拥有一个幸福的、顺心遂意的婚姻。

要知道，在婚姻里，这一切都不能靠大嗓门和强硬的态度来获得。学会好好说话，你才可以轻松得到这些。

有一方强势的婚姻，是不健康的。无论是婚姻关系里的强势，还是亲子关系里的强势，最终都会造成苏家这样典型的悲剧家庭。

而真正的夫妻关系，需要平等和互相尊重。这种平等，并非是一直平等，而是偶尔你可以强势，我先妥协，偶尔你也要学会让步，让我主持大局。

希望你，无须用力，就可以付出爱、得到爱。

前夫居然带着我的孩子，跟第三者在一起

文 / 孙常宁

问：

我离婚了，一个人带着两个孩子过，日子倒也平静。

我跟孩子们正面谈过关于离婚的事情，但是没有说他爸爸出轨，也尽可能地给孩子们正向的引导。

但是，后来前夫试图带着第三者跟孩子接触，我就很反感。

最近他还带孩子们跟第三者一起吃海鲜，两个孩子都给我带了吃的回来，尤其是儿子，带了龙虾回来，并且反复叮嘱我一定要吃完，表现得很懂事。

他平常生活中似乎也表现得比以前更懂事，我反而开始担心孩子的这种表现是隐藏了他不安的情绪，因为他十一岁了，快要进入青春期了。

我也跟前夫沟通了，希望他不要再带孩子们跟那个女人接触，我不想在孩子们心里留下伤痕！

不知道我做得对不对，还有孩子在青春期遭遇父母离异，怎样才能最大程度地保护孩子的心理健康？

答：

父母离异之后，孩子可不可以跟第三者接触，其实这件事是没有定论的。

就出轨方来说，如果他想跟第三者生活，他就会试图让孩子接受他和第三者，因为这样他心里会舒服一点。

出轨者常常回避一件事情，就是他的出轨带给孩子们的伤害。

他宁愿去想，他的出轨只是给前妻带来了伤害，或者说是因为跟前妻不合适，才导致自己的出轨。他要尽可能地避免自己背负太大的压力，这是一个本能的反应。

以前我也被问过这个问题，通常我会给离异妈妈建议：如果你觉得这样很不舒服，或者说你觉得第三者这样的为人处世，会对你的孩子造成不好的影响，那么你可以跟前夫交流，表明你的态度。

你可以根据你力量的强弱来跟对方提条件，有些母亲是比较强势的，她会非常明确地表明，如果你再带孩子去见第三者的话，那我可能会减少你探视孩子的机会。有的母亲，性格相对比较温柔，她就没有办法把这样的观点清晰严厉地表达出来。

不想让孩子见第三者，从情感的角度来说是非常可以理解的。可是，我们一定要了解，无论是在婚姻里，还是在子女教育的问题上，抑或是在生活中的其他方面，常常你的期盼是一回事，现实又是另一回事。

你可以根据内心的需求提出一些要求，并且推动事情往自己期待的方向去发展；但同时我们也要接受一个事实，就是说有可能，我们为这件事努力了，但是并没有什么效果。

所以，关于这件事我的建议是可以去争取，但也不必强求。

另外，你的孩子就算接触第三者，他们也不会背叛你的。孩子对妈妈的忠诚，是很难被替换掉的。

反而是，如果孩子见到第三者，你的反应很强烈，表现得非常痛苦，这样会给孩子一种特殊的刺激，反而使孩子非常关注第三者。

我想说的是，你真正要关注的是，他们带孩子们去做什么了。

因为在离婚这件事情里面，不抚养孩子的那一方，带给抚养孩子的这一方的最大困扰是：他很少出现在孩子面前，最多一周一次，但他出现的时候常常会有些看起来非常好的表现，比如带孩子去吃特别美味的东西，给孩子送礼物，带着孩子去玩，满足孩子一些愿望等。

而他们做的这种度假式的给予，与一个需要为孩子的未来长期负责任的抚养者所做的那种有规划、有规律、有节制的教育常常会有所对比。

所以，可能这个点会更重要，不要再把时间和精力放在与第三者见面这件事情上，你都已经和那个男人离婚了，他是孩子的爸爸，他把孩子接走以后，如果他想让孩子见第三者，其实你并不一定能阻止。

还有就是说，即使孩子跟第三者有接触，只要你在孩子抚养方面引导得足够好的话，那第三者和孩子的接触不见得能给孩子留下什么伤痕。

反而，离婚以后，如果你们仍然还有一些纠缠，甚至还有一些怨恨，这一定会在孩子心里留下伤痕。

父母离异，不论孩子在什么时期，都是会对孩子造成一些负面影响的，但是，我们也会发现，合适和恰当的影响，也可以让这件事变成让孩子更好成长的一个契机。

一个人是不是能够成长为一个心理健康的人，虽然受到原生家庭和父母的影响，但这真的不是唯一的因素。

如果我们想让孩子在遭遇父母离异后，仍然能够最大程度地保持心理健康的话，有两件事要去做。

第一点是持续地让孩子知道，在他的身边有稳定有力的爱，而且这份爱会一直陪伴在他身边。

第二点就是和孩子们一起去直面离婚带来的影响。

有可能别人会议论，孩子的生活里面爸爸妈妈不再是天天出现了，也不会同时出现了，这些客观现实是孩子要面对的，你要陪孩子一起去面对，只把它当成一个事实就好了。

现实生活中，让我们痛苦的，往往不是已经发生的事情，而是我们希望事情没有发生，不接受这个事实，这才是痛苦的根源。

如果我们彻底接受了事实就是这样，那又能怎么样呢，对不对？我就是遭遇了离婚，遭遇了前夫对家庭的背叛和抛弃，这就是事实。

当妈妈坦然去接受这一切的时候，她不觉得离婚这件事一定会给孩子带来问题，也不觉得青春期的孩子遇到这件事就一定会变得不好。你相信他会好好长大，他就可以。

还有一点，就是孩子开始变得更懂事，这件事会让妈妈感到心酸，做母亲的都能够理解，一个十一岁的孩子变得很会照顾妈妈，的确会让人为这个孩子感到心酸。

但是，我们也必须要承认这本身就是成长，人总是要长大的，虽然稍微早了一点，但是成长本身就是成长，孩子也许并不觉得他的成长有那么辛苦。

最后，我想给这位妈妈一个建议，既然你已经看到孩子已经到了青春期，而且变得懂事，那么请你以后在很多事上，尝试把他当成一个成年人来跟他进行交流。

也许他还不是特别懂得成人世界的事情，但是至少你要用尊重成年人的态度来尊重他，而不是只想把他呵护在你的臂膀之下。

这样，他就会好好长大，长成比他父亲更有担当的好男人。

苏明成式老婆奴，究竟有多可怕？

文 / 绿米

"我事业失败，都是老婆害的。"

老婆成了老公事业上的绊脚石，是老公成功路上的加害者。

相信这样的锅谁背谁冤枉，谁背谁"炸毛"，夫妻关系破裂也是分分钟的事。

实则，这样的老公们都是一副"甩锅侠"的形象，常常用"甩锅"的方式来处理生活里的矛盾、事业上的挫折。

他们习惯了老婆的照料，爱自己胜过家人，对利益十分看重，遭遇挫折时又十分脆弱。

他们之所以会理直气壮地"甩锅"，原因很简单：每个"甩锅侠"背后都有一个"背锅侠"。

你若安好，接盘到老

"你若安好，接盘到老"是一类老婆奴的潜台词，这类男人对老婆的意见言听计从，能迅速察觉老婆的需求，可以说是情商非常在线的类型了。

不过很多人会觉得这样的老公"渣"，自己没本事，只会向对方索取，娶老婆相当于给自己重新找一个妈，谁"接盘"谁吃亏。他们心里觉得老婆对自己好是理所当然，从来不会懂得感恩。

林先生就是这样一个老婆奴，生活中他对老婆宠爱有加，不过大都集中在口头上。

老婆生气不想吃饭的时候，他会撒娇卖萌说："老婆饿死了，那我也不活了。"

老婆在公司受委屈的时候，他会站在老婆的立场上去哄老婆，帮着老婆去骂老板，指责老板不懂得欣赏老婆的好。

偶尔和老婆闹小情绪，他也会主动服软，给老婆买个小礼物……

职场上，林先生也很会讨上司的欢心，他善于抓住人心，为对方提供情绪价值，这些都要归功于他的"妈宝男"属性，和妈妈关系亲密让他懂得察言观色，体察对方的情绪和感受。

在某种情境中，这些其实都是不可多得的优点，能够让他利用这些优势在一些人际情境中顺风顺水。

不过一旦环境改变，他的低"逆商"就会暴露出来。

林先生的工作单位是自己母亲之前工作的单位，如今父母都已退休多年，单位里大换血，没人再"罩着"他，新领导只在乎员工干了多少实事，林先生的口甜舌滑不再管用，很快就被裁员了。

失去了工作的林先生面临着前所未有的压力，时间长了他老婆也着急，指责他一直啃老，因为婚后他的房贷、车贷都是母亲供养的。

家里的经济压力摆在那里，要去面对现实，这时他开始变得脾气暴躁，说这一切都是他老婆和他妈的错，是她们要他在一个稳定的单位工作，就因为听了她们的话，他才没有出去锻炼过，不具备生存的能力。

可工作到底是谁的呢？稳定到底是满足谁呢？

现实生活中像林先生一样"啃老"的子女，背后的原因不一定只是子女需要，而是子女和父母相互都需要，这是一种无意识的共谋，父母愿意接子女的"锅"。

比如有的父母会劝子女再生一个孩子，自己会出钱帮忙养育，这也是希望通过给子女甩锅来和子女继续联系在一起。

当子女们真正开始意识到自己过度被父母的爱吞噬以后，怨恨也会逐渐产生，如果他们已婚，泄愤的对象就很有可能从父母转移到伴侣身上。

你应该一直站在我这边

同样被父母过度支配的，还有李先生。

李先生这样的老公是典型的"别人家的老公"，还在学校的时候他就一直是学霸，外形也很帅气，凭借高智商、高学历，李先生进了一家名企，娶了一个性情温和、漂亮大方的老婆。

他们一起出入朋友的婚礼或者聚会时，大家都对李先生投来羡慕的目光，觉得他们便是天作之合。

但李先生最近很苦恼，觉得老婆和自己的距离越来越远了，很多事情她都不再站在自己的立场上为自己考虑。他感到了婚姻的危机，同时觉得老婆有点忘恩负义。

李先生有一个特质是逻辑思维非常清晰，像一个人生导师，有很多经验之谈，他老婆当初就是被他这种特质吸引，觉得和他在一起人生都会变得清晰。

可结婚时间长了，李先生这个人生导师的特质也让他的老婆开始厌烦，有时老婆在工作上遇到了瓶颈，心情不太好，需要亲近的人安慰一下自己。李先生就会立刻给她分析利弊，一针见血地指出她的问题，老婆求安慰不成反被教训，想回避还被"猛灌鸡汤"。

李先生也会对老婆的朋友评头论足，经常开启贬低模式，认为老婆有些朋友不求上进，太贪图享乐，老婆不应该与他们多接触。他老婆也因此不敢叫那些朋友到家里面来玩，很担心会发生矛盾。

不过李先生对亲人特别上心，逢年过节都会送很贵重的礼物，大家都夸他是个好老公、好女婿。

有次李先生在饭桌上多喝了两杯，不经意酒后吐了真言，说起自己为什么会娶这个老婆，因为她漂亮，名校毕业，单纯，好驾驭，这样的女人配得上自己……尴尬。

李先生是家里的独子，全家都对他寄予厚望，特别是父亲，对他的要求特别严格，希望他能出人头地，这让他从小就觉得自己要撑起整个家的面子。

可是这个世界上没有人是十全十美的，李先生也不例外，这也是他最害怕的事情。"一路开挂"的他因为争取升职的机会头疼，他担心自己变成令人失望的样子，所以更加拼命工作。

李先生回家的时间变少了，老婆常打电话让他回来陪孩子，他不耐烦，觉得已经请了保姆了，不需要花太多时间来操心，很容易影响工作。

对朋友的困难他倒是很上心，朋友来借钱，数目不小，他就立刻把钱打过去了，老婆知道后觉得自己不被尊重，他却反咬一口说老婆不支持自己。他认为朋友都是社会关系，需要维持，老婆应该理解自己，应该站在自己的立场上来思考，而不是事事都需要他去商量、解释。

后来李先生在工作中失去了升职的机会，他也责怪老婆照顾不好家里，总找他的麻烦，让他分心，气得老婆想和他离婚。

现实中有很多像李先生这样的男人，看上去很自我、很强势。从表面上看他们虚荣心强，总以自己的利益为先，但其实内心深处却很"忠诚"。他们忠于父母留下的使命，发誓要做父母期待的样子，才会变得有些缺乏温情。

甩锅侠的锅谁来背

每个人从出生开始，第一个替自己背锅的就是父母，那时候个体尚未成年，受到父母的保护和控制，这些早年经验的确会对成年之后的行为、能力有影响。

林先生母亲的过分呵护和李先生父亲的过分严厉，导致他们在面对家庭时缺少了两种能力：独立自主和情感包容的能力。

不独立的人通常表现为啃老，很多人觉得啃老很残忍，一点也不顾及父母的感受。但对父母来说，孩子啃老却会让他们产生一种快感，那就是控制。

林先生在母亲面前是个听话的孩子，他的撒娇卖萌也都是以前对母亲的情感表达方式。

这也许是因为，母亲和父亲之间缺乏情感交流，需要子女的爱来填充；另一个原因是，母亲也曾经被爱控制过，现在也用同样的方式来对待子女。

李先生的父亲是个严厉的人，从小就给他制定很高的标准，一心希望他能成材。

父亲当年没能考上很好的学校，进入社会以后也处处碰壁，他希望儿子能出人头地，来弥补自己当年未完成的心愿。

而李先生对父母言听计从，火力全开，读书期间根本没谈过什么恋爱，不懂得怎样和异性相处，他只是经常听到父亲说如果不优秀，肯定没有哪个女人会喜欢自己。

林先生和李先生都是被"功能性养育"的孩子，他们完成家庭代际传递的愿望，同时也继承了这些代际创伤。

让原生家庭"背锅"无法让创伤终结，只能造成一场又一场的悲剧，终止循环的方式只能从理解开始。虽然，过程并不容易。

如何打破甩锅的魔咒

有时候，我们看到别人甩锅会很痛恨，一是因为自己曾经也被这样对待过，二是因为自己也无法避免这样去对待他人。

这种模式，仿佛是一个怪圈，处在这种模式中的下一代，有的受伤，有的因害怕受伤而妥协，最终成了自己讨厌的样子。

常听到很多女人说现在好男人越来越少，没有担当，婚姻挺让人失望的，无奈的是自己在无意间被对方吸引。

对一个女人来说，在成长过程中，缺少父亲的关爱会让她在今后遇到伴侣时感觉不到自己的价值，她们往往会选择跟父亲类似的伴侣，想修复没能在父爱中得到的满足。

而男人，若在原生家庭中没有体会到父母相爱，没有一个负责任的父亲做榜样，他们就会希望在婚姻里找到支持。

只是，两个人的结合，都会有多代创伤交织着，互相伤害的戏码在所难免。要打破这个死循环，第一件事就是了解自己的模式和父母的模式有哪些相似。

我们通常在为人父母时更能对父母感同身受，也许是因为我们正在经历着当年他们也在经历的事情。当我们看到自己身上有父母的影子时，我们不用太快去评判，用心去感受那些情绪，尽管这可能真的让自己很不舒服，也让人无法原谅，但更重要的是这是发现为什么的一个机会。

逐渐了解到自己与父母的模式以后，可以区分哪些愿望是他们一直都需要满足的，而自己受到了怎样的影响，尽量用客观的角度去看待自己所处的境况。

最后，允许自己做一个自由的成年人。每种养育方式都不会完美，我们可以不原谅成长过程中的伤害，但要有能力容纳自己的愤怒。

为什么有的女人很容易移情别恋？

原创 / 戴喆

问：

我和老公相识于苍翠的香山脚下。他大我五岁，温柔体贴。生理期时他会帮我买红糖，工作中遇到困难了他也会帮我开解。反过来，他生病了，我也会心疼地跑去给他买药……

有一天，在一家星巴克的拐角，我竟然遇到了自己大学期间暗恋的师兄。不知算不算幸运，他和师姐分手了。那天我们攀谈起来。

之后，因为老公常常加班，我下班早，就和师兄一起去逛书店。再后来，他跟我表白了。

可是，我已经怀孕两个月，有了老公的孩子。

我没有"还君明珠双泪垂，恨不相逢未嫁时"的坚决，但我也不想对不起老公。

一边是温柔的丈夫，一边是热情的师兄，老师您说，谁是我的真爱？我该怎么抉择？

答：

每个人对真爱的定义，决定了他的人生轨迹。

想知道谁是你的真爱，先得知道你对真爱是怎么界定的。

每个人对真爱的界定都不一样，有的人追求感觉，说白了就是激情。此类人看到对方以后，体内的多巴胺、去甲肾上腺素、苯乙胺指标急剧上升，产生极其强烈的快感。如果你觉得那种感觉是真爱，也就是说，你认为激情就是真爱。

但是显然，我们不太可能和同一个人时时保持激情。感情经历丰富的人都知道，我们一生当中会对很多人，在某一个当下产生强烈的、美好的感觉，那些感觉都是真实的。

要知道，能在星巴克的拐角遇到师兄，就能在下一刻的转角遇到新的真爱。而同样地，对方也有这种可能，转角遇到一个师姐觉得又是一个真爱了，他的热情也会跟着"爱情呼叫转移"。

所以要接受这种爱情观，就要接受感受的不稳定性，也就是要接受一个亲密关系不稳定的人生。

对于持有这种观念的人，我唯一的建议就是不要生孩子。

对真爱的诠释我不评判，我只知道对于每一个孩子来说，他们都希望有一个稳定的家。所以在能为自己的决定负责之前，就先不要替孩子的人生负责了吧。

心理学家对于真爱的界定

心理学家斯腾伯格也提出了一个真爱的界定，他认为真爱的组成部分有三个：激情、亲密和承诺。

"激情"是情绪上的迷恋，像上面说的，跟体内分泌的化学激素有关；"亲密"是指在爱情关系中能够引起的温暖体验，这和我们平时感受的分享、长期的合作都有关系；而"承诺"是指维持关系的担保和自我约束。

重点说一下"承诺"，承诺是一种契约精神。即我承诺我为自己的选择负责——

无论他将来是富有还是贫穷，无论他健康还是患病，无论任何原因，我都愿意爱他，照顾他，尊重他，接纳他，永远对他忠贞不渝，直至生命尽头。

承认真爱需要契约的人，他就是承认这个世界是动态的，人的需要也是变化的。

我今天需要温暖，他温暖地对待我，我就感觉好满足，但是如果明天我需要热情，而他没有热情，我还能不能继续和他在一起？可能这就是那个神圣的仪式，以及那个鲜红的结婚证所拥有的意义。

世界上没有任何一个人能够满足你全部的需要，如果没有契约、没有承诺，所有的亲密关系最终都会因为彼此需要的不满足而走向分离。

所以你如果记得那个承诺，就该知道，当你们之间产生冲突的时候，你首先应该想办法解决冲突。彼此之间无法满足对方的时候，你们也该首先想到沟通，想到一起面对，想到以关系为前提，在不伤害对方的基础上怎么满足自己。

两个人在一起开心的时候怎么对待彼此，不需要契约；在一起不开心的时候怎么对待彼此，才需要契约。

另外说一句，男人比女人更在乎契约性，深层次的原因是，女人可以肯定孩子是否属于自己，但是男人不能。

所以如果你怀着孩子时仍然可以接受另一个人的求爱，且并不是因为你和丈夫之间的关系有什么问题，那显然你给别人的印象是，你是不稳定的，没有契约性的。

负责任地说，你的师兄会因此不安。他很可能会在你们的关系中有所保留，特别是保留承诺的部分。

可以预见，如果你未来想和师兄往结婚的路上走，那会遇到怎样的坎坷。

这个世界是复杂的

对于你所提问题的最后一句，我也想说说——"一边是温柔的丈夫，一边是热情的师兄，我该怎么抉择？"

从这一点不仅能看出，他们对于你来说不过是"鱼与熊掌"的关系，而且更能看出你对于这个世界的理解。

在我们的世界里，一切是静态的、简单的。

丈夫的温柔，师兄的热情，是各自具备单一属性的两个选项，这就好像两根不同口味的冰棍，你不可能吃着巧克力的，然后口中突然冒出香草的味道。

然而事实上，人可比冰棍复杂多了，每个人都不可能是单一属性的。

温柔的丈夫有可能优柔寡断，热情的师兄也可能比较冲动。每一个人都是由多个元素组成的，而更可怕的是，这些元素还是实时变化的。

人都会成长、发展、改变，师兄和师姐在一起的时候，也可能海誓山盟过，但是他变了，他有了新的想法和体验，于是他向另一个女孩表白了。

这种复杂性和动态性才是这个世界的本质，对于还无法接受这个事实的人们来说，我的建议是，先不要走入婚姻。

婚姻真的很复杂，双方常常存在习惯的矛盾、观念的矛盾、关系的矛盾等等。你和他来自完全不同的两个家庭，因为过去的经历不同，你们所看到的世界完全不一样。

每一个据理力争的争吵，都是彼此内在复杂经历的呈现，在没有心理准备去面对这些的时候，你们即便有承诺也都是虚张声势。

所以我给大家最直接的建议是，如果你还是个"巨婴"，就先想办法成长为一个成人吧，结婚什么的，等成人以后再说吧。

如果已经结婚了，那没有办法，只能赶快学习，赶快成长，毕竟婚姻中多数的冲突是巨婴解决不了的。

我没出轨，很爱老婆，但是不想送她礼物

文 / 杜潇婷

问：

每次老婆跟我要礼物我就觉得受不了，觉得这是对我的一种侮辱。

我最烦过节了，每次过节老婆总明里暗里地说自己想要什么，今天是口红，明天是吹风机，而且只要我不送她就生气，想要哄好就得给她买更多东西。

我没事的时候自己就琢磨，为什么无论什么节日都是我送她礼物，她怎么就不想着送我点什么？

再说了，过节送不送礼物，是我说了算的，朝我要算怎么回事？

过节送老婆礼物，送是情分，不送是本分，哪有送礼物就是爱你，不送礼物就是不爱你的说法？

老师，我好苦恼啊，我该怎么办呢？

答：

你好。我能够理解你的烦和生气，太太"不买礼物就是不爱我"的

做法，即便背后有原因，但本质上是感情勒索，自然会让人不舒服。

基于现在是我们自己找解决办法，接下来的角度，我们少分析对方一些，多看向自己身上一些。我看到你有个人的情结在，又有常见的一些问题，所以我们分两部分来聊聊。

01

先说说自己这部分。看到老婆要礼物你的感觉是"被侮辱"，这里面很可能包含你对太太类似这样的解读：

她提要求的方式或语气让你感觉高高在上，而你是被考察的对象？

你一直被要求证明你对她的爱，这让你感到对方的不信任？

对方不尊重你的意愿，只顾强迫你这么做？

你感觉自己无力捍卫自己，不这么做会被对方扣着大帽子指责（比如身为男人却这么小气），等等。

从普遍状态来说，在这个场景下感觉到"被侮辱"，是有点特别的，这里应该有你自己过往经历的影响。如果我们要解决这部分，关键在于去修复过往的那些心结。

人的心理机能是这样运作的：

外界发生了一件事→对方的表情、语气、言辞、所在场合等唤起了我们曾经类似的记忆→我们曾经对这种场景有一个固定的解读→情景重现，我们的价值感受到波动。

有情绪升起→升起的情绪让我们暂时无法看待新情况，会根据过去的记忆对现状产生认定和推测→如果推测对自己不利，我们会采取对抗的反应方式→不能解决现状问题。

所以你要打破这个链条，就需要慢下来，深入感受，检视送礼物这件事情，让你联想到了什么过往的情况，什么原因让你感到受伤。

这个时候，是需要心理咨询师的介入和帮助的，一起体会那些过去被压抑的感受，从而解锁过去事件对现在的强烈关联，让你对现状产生新的理解，从而找到更有效的解决方案。

02

另外，我感觉到你心里有种不平衡感，也渴望在感情中获得同样的回馈。所以你需要问问自己：

在这段关系里，她在乎和关心你的方式是什么？一定有一些理由让我们留在关系里。而对于这方面的认知，你可能存在但不限于以下几种情况：

（1）立马脑子短路，感觉就是想不出来。

通常这是因为我们不满的情绪积累了太长时间，导致我们对关系丧失了信心和耐心，不愿开放内心去感知和接受对方的好意。

这时候就需要先停下脑子，别再想"为什么"了，用运动、音乐、咨询等舒缓方式释放情绪，给我们的心充电。等身心平衡之后，再回头理性地对这段关系做评估。

（2）你想到的都是对方跟你怄气、对你埋怨、总爱翻看你的手机等感觉不好的回忆。

这常常意味着你的伴侣爱的能力比较低，增强双方情感连接的方式背后总带着对你的要求和控制，这时候就不是解决"送礼物"一个点这么简单了，而要想想什么原因让我找到这样一个人？是不是我对爱或关系的理解出现了某些误会？这时候，你就需要更新自己的婚姻观，学习一些建立和经营关系的知识。

（3）细细思考过了，但好像对方所做甚少，确实没有什么印象。

这时候的关系，比起对方的控制，也许更多的是利用和忽略。

那也在提醒我们，或许我们从小就被培养要靠过度付出来维持关系，经常性忽略自己的需求，所以能够维持关系不分手或离婚，变成我们最重要的目标，其次才是公平或者满足自己。

这种情况下，我们很容易找到一个索取意愿很强的人，来让我们感觉到被需要、被抓取，从而在关系里减少被抛弃的风险。

要改变这个，也得从自己入手，开始调整自己对关系的期待。

最后一个引起我关注的地方是，面对她的情感勒索，似乎你一直选择了一种"哄她"的处理方法。这背后一定有你的考虑，但这样做的结果是，对方和你会形成一个潜在的共识：你可以接受她这样对你。

所以，你真的需要衡量一下，你是希望这段关系风平浪静，还是希望这段关系健康一点。

如果是后者，你需要在梳理清楚后，把自己的想法告诉她，因为有时候恰恰是我们的隐瞒，以及后来对对方的不屑和内心远离，引发了对方的不安甚至报复。

03

两个人在一件事上价值观不同。

最后，你的问题涉及一个普遍的关系课题：两个人在一件事上价值观不同。

太太的观念里，也许节日里男方送女方礼物是天经地义的，花钱是证明爱的重要方式，以至于她都不需要征求你的意愿——如果不这么想，这男的大概有问题。

而你的想法是"不送是本分"。所以在价值观里，你们两个人存在重大的区别。

如果没有磨合出两个人都认可的表达爱的新方式，彼此的价值观仍然比较稳固，那就是"三观不合"的情形，两人需求不匹配，关系破裂的风险很大。

以上是我根据你的问题，想到的一些情况。也许，你们还有其他的一些故事。如果需要，你可以找咨询师进行专业的咨询，那会更好地帮助到你。

2

情感经营学：婚姻与沟通

七年婚姻，我还是没能读懂女人

文 / 时敬国 潘幸知

净身出户的"头号玩家"，到底有没有过错

在这个时代，打游戏这件事，已经成为一部分人的生活，因为打游戏而影响到情侣关系的例子也很常见。而婚姻中仍然打游戏以至影响到夫妻关系的，男性居多。

很多妻子，苦男人打游戏之"恶习"久矣。然而，这件事由于不如男人出轨这样的事情更有冲击性，所以一般都忍了。

直到四月份，一位圈内知名的电竞主播和妻子离婚的事件被曝出来。因为主播在游戏直播圈内的知名度，这件事才成了热点话题。

事件男主被粉丝称为"骚男"，曾经也是一名默默无闻的游戏玩家，在几年前直播行业大火的时候选择了当游戏主播，凭借高超的游戏水平和幽默搞笑的直播风格迅速火了起来，收获许多粉丝，也赚了很多钱。

"骚男"的妻子七七，在"骚男"口袋空空的时候，和他走到了一起，相伴七年。两人生活甜蜜，直播的时候，"骚男"经常秀恩爱，这为"骚男"带来了"LOL 第一好男人"的形象。

但实际上，婚后几年里两人的冲突越来越频繁、越来越激烈，最终两人悄悄离婚。

妻子在微博小号说自己是"被离婚"，文字里透露着伤心和幽怨，引起圈内人士的纷纷猜测。"骚男"发长文坐实了自己"离婚并净身出户"的事实。

据网友说，"骚男"的"净身出户"意味着，做直播七年以来的所有收入都给了妻子，算上两套房产，接近 4500 万元。

根据两个当事人对离婚缘由的总结，丈夫"骚男"的理由是妻子嫌丈夫打游戏、做直播的时间长；丈夫嫌妻子管得多。而妻子七七的理由则如众多女性一样感性，觉得丈夫不想对自己好了。

但在妻子七七的微博评论里，我们却看到了一边倒的对七七的攻击。

从熟悉主播"骚男"的粉丝的发言中，我们看到了一个脾气很好、对妻子十分忍让的主播丈夫，也看到了一个什么都不做，让丈夫吃了七年外卖，还经常在丈夫直播的时候查岗、胡闹，曾经打丈夫耳光，让丈夫跪键盘的"变态"妻子。

对于事件的两位主角的具体情况，我们并不十分了解，对于他们婚姻里真正发生了什么，我们也并不了解。

所以，我们不去谈论他们具体的是非，只希望他们分开之后，能够从过去中走出来，找到各自的幸福。

值得我们关注的，也是我们今天要讨论的，其实是以下观点的对错：

第一，女方七年，男方也是七年吧。

第二，男方并没有出轨、家暴。

第三，据说他老婆在直播的时候不给他面子，打他耳光，让他跪键盘。是我，我早离婚了。

第四，男方是净身出户吧？瞎喷的人懂什么是净身出户吗？说难听点，现在这年头，就是出轨的人都做不到这一点，我分你点钱，打发一下也完全可行啊。

值得让我们注意的，是第二点和第四点，这两点是评论者对于男主的支持和肯定。

我们看到这个评论里隐藏着这样一个对男人的价值判断：一个不出轨、不家暴、离婚还肯净身出户的男人，还能有什么对不起妻子的吗？

不出轨，不家暴，还肯净身出户，确实能说明男人的一些优秀品质。但是，具备这几个特征的男人，就一定不会伤害到妻子吗？

这事还真不一定。

有一种伤害，叫"元神出窍"

小时候看电视剧《西游记》，孙悟空有一种技能，叫元神出窍。肉体仍在大家身边，老老实实。但他的灵魂，已经飞到九霄云外搬救兵，或者找神仙老头儿唠嗑去了。

如今，随着互联网的发展，现代人也都学会了这种技能。

而打游戏的玩家，尤其"出窍"得厉害。一旦沉浸于游戏之中，现实中如果有别人要想唤醒他，并不容易，有时火烧眉毛，对方的回应也只是"嗯嗯，啊啊"。

打游戏的人，知道一个词叫作——"挂机"，就是指一个玩家在打游戏的时候，突然有事离开了，只留下游戏里的角色，在那发呆，停止了战斗，不管你怎么呼唤他，他都一动不动。这种行为一般会让队友们非常恼火。

但是反过来，一个沉浸于游戏角色中的人，在现实中也会出现"挂机"的状态。你看着这个人在你面前，但他的喜怒哀乐，他肉体里分泌的荷尔蒙和多巴胺，此刻与你毫无关系。

我相信，在婚姻关系里，无论丈夫是元神出窍，还是现实"挂机"，作为妻子，都是崩溃的。

当你喊了他一百遍他还没有回到现实的时候，伤心、愤怒一定会涌上你的心头。这个时候，你指望女人温柔和耐心的确是强人所难。

但是，在当代的婚姻冲突中，这样的冲突，实在是不够普遍性和话题性，说出来，很少引起他人的共鸣。

在这个时代，一个男人只要有能力养家，不打老婆，不沾"黄赌毒"，基本上已经可以被看作是一个高分好男人了。街坊邻居同事，都会觉得这个男人没问题。如果女人还抱怨，一定是女人不知足。

但实际上，对于渴望连接的女性来说，这种元神出窍的折磨，其实不容忽视。毕竟，这也是男人隔离自己情感的一种重要方式。

婚姻渐渐平淡的时候，在熟悉的伴侣之间，女性喜欢和男人保持情感的连接；而男人则习惯有事说事，回避情感的连接。

这种回避，大有文章。有的回避太过于明显，比如大半夜还不回家，比如晚上喝酒回家装醉。甚至有时候，出轨也是一种对于伴侣的情感的回避。

这些回避，女人都可以堂而皇之地抱怨和讨伐。但也有一些回避，就非常隐蔽。比如，有事没事就加班，有事没事就需要应酬和出差，比如沉迷于打游戏。如果打游戏成为工作的话，那就更具有合理性——我是在赚钱养家呀。

对于这样的回避，很多女性就只能干痛苦，而无法抱怨。但这种回避，给女性带来的痛苦并不少，只是面子上稍微过得去一些。别人可以开解自己，自己也可以开解自己——丈夫不是不关心自己，他只是工作忙，或者他只是需要一点自己的爱好。

这些回避中，的确有一些是男人的正常需求。男人需要自己的空间，需要一些东西把自己隔开。但这种隔绝超出一定限度的时候，便会让女性无法忍受。

游戏内外：他的多巴胺，和你没有半点关系

丈夫沉浸于游戏这件事，尤其会让女性感到痛苦的原因在于，有时候沉浸于游戏的丈夫，会有太多的情绪起伏。

你看到他在游戏里的专注，他的亢奋、他的紧张、他的在乎、他的喜悦、他的宣泄、他的酣畅淋漓……但是，所有这些，和你无关。

这些东西，是女人多么渴望的呀！女人渴望在关系里，男人也有这样的表现，希望他可以为爱而情绪起伏，为爱而惊心动魄……

但是，这样的感觉，太久没有了。当男人处在关系里的时候，他们常常表现冷漠。

所以，女人对于男人在游戏中的投入，是多么嫉妒和恨。他在和一群陌生人打游戏的时候，都可以如此投入，如此不吝惜情感，但却不肯分给自己半分情绪。

和那些出轨的男人相比，出轨的男人至少还在现实世界里，多少与自己还会有瓜葛。而沉浸在游戏里的男人，和你根本不在一个世界。

想到这些的时候，女性心里的"恶魔"就会被勾出来，变成一副不可理喻的样子。

然而现实是，游戏越来越融入生活，生活越来越分不清虚拟和现实。一定有一部分人，越来越多地把游戏当成生活。

如果他身边，有一个渴望传统婚姻、渴望人间烟火的伴侣，那么，这种痛苦是注定会发生的。

这个世界越来越多元，每个人都有选择生活方式的权利。如果一个人愿意多待在虚拟的世界里，在那里能够得到足够的价值感和意义，我们无权干涉他。

只是，现在开始，我们都应该看到这种不同的生活选择给婚姻和情感带来的影响。

如果你是一个愿意生活在虚拟世界里的人，要考虑好，自己现实中的伴侣，是不是能够接受你这样的状态。

如果对方可以安顿好自己，或者对方也可以在自己的世界里找到自己的乐子。那么，你们只需要在现实的伴侣关系中，保持一个相对疏离但又满足一些基本功能的关系就好。

如果你是一个愿意多留在现实生活中的人，且仅仅把现实生活当成真正的生活，那你不要去找一个经常魂游天外的人。除非你不靠他也能获得情感的自给自足。

当然，如果不幸，一个虚拟世界的人和一个现实世界的人，已经走到了一起，已经发生了一些冲突。最好的选择是分开，让彼此按自己喜欢的方式生活。硬绑在一起，对双方都是伤害。而最终，伤害会让两个人都变得面目可憎。

在“吃鸡”游戏《绝地求生》的等待画面上，有一行提醒，不太容易被看见。大意是：在游戏里和队友穿行千里，也别忘了现实中和身边的人出去走走。

无论游戏的设计者是否出于真诚，对于这样的建议，只要你真的热爱生活，都应该认真地接受。

而虚拟时代的到来，灵魂的各自飞扬，终将成为每一对伴侣需要面对的重要议题。

夫妻聊天记录曝光，多少婚姻都死在了这件事上

文 / 茗荷

贝基和先生结婚四年，孩子一岁半，因为夫妻感情出现裂痕走进咨询室。

婆婆来帮忙带孩子，总会因为育儿观念不同跟贝基发生争吵。贝基一开始还忍，可时间长了大家都忍不了，丈夫就开始责怪她，她带年幼的孩子睡不好觉本来就很累，可是丈夫还指责她，她感觉十分委屈，就经常和丈夫吵架。

"对这种两个人相处上的变化有过好好的沟通吗？"

"有啊，当然有，可是没用，除非是吵起来，才能引起重视。"

"吵架之后呢？"

"有时候有效，有时候没效，关键是夫妻因为这些小事情彼此疏远了，很不值得。"

听到这里的时候，我们需要赞美贝基对这种"小事"的在乎，她能够防微杜渐，仅仅因为沟通上的事情走进咨询室。

为什么这么说呢？

因为不少人根本意识不到沟通不良的危害，而是等到夫妻关系快要分崩离析的时候，才像抓救命稻草一般想要咨询师来力挽狂澜。可

那个时候，咨询师往往还是会提醒你，注意沟通的方式和技巧。

沟通到底有多重要？

许许多多无法挽回的关系，最开始的时候，也是甜甜蜜蜜、心无罅隙的。只是在平淡而琐碎的生活当中，双方渐渐失去了沟通的欲望和习惯，或者一方忙于孩子的日常，或者一方忙于繁重的工作，我们逐渐变成了最熟悉的陌生人。

经典电影《爱在黎明破晓前》（三部曲），在前两部电影中，偶遇的男女主人公是精神层面高度一致，彼此怦然心动的。他们的很多对话都能让人不断回味。但当他们在现实层面结合后，却跟普通夫妻一样，面对生活中的琐碎和不堪，他们开始吵架、冷战，渐行渐远，差点分手，还好最终通过勇敢地面对和超越常人的探讨，彼此开始找到新的相处之道。

寻常情侣，或许也需要认认真真探讨沟通对于关系的意义。

在心理咨询当中，咨询师经常会建议来访者跟另一半做沟通，但我们时常听到这种回答：

"沟通过，没用的！"

"他那样的人，别说沟通，刚开头就会给你打断。"

仔细问下来，很多人的沟通，由于方法不当，一开始就是失败的。

第一种：你应该……（道德评判）

林子下班回到家，手上提了大包小包，想着孩子要回家了，匆忙离开办公室就没拿伞，一路小跑回来，自己和手上的东西都淋湿了。

进门的时候，丈夫对她说："你给我买的药买了吗？"林子猛然才想起，她抱歉地笑了笑。丈夫紧接着说："你应该下班先去买药啊！"

如果是日常听到这种对话，林子可能还没有那么计较，但当时她跑得很累，又浑身淋湿了，手上一堆东西没人接，还遭到丈夫责难，于是她一下子火就上来了："我心里记挂着孩子没人接啊！"

"你应该……"是我们在日常生活中经常听到的对话，背后的潜台词是，你在当时的情况下，选择了一种不明智的方式，你应该有其他更好的选择或者是标准。

这其实是在用自己的道德评判标准（价值观、信念等）来衡量、要求别人，将责任归咎于对方。

但我们不能忽视的一个事实是，每个人的个性和处理事情的方式不同，所处的环境和条件也不同，选择不同是非常自然的事情。

具体到一件事情上，或许我们可以提建议，但并不是以一种"应该"的立场去显示自身的明智。

第二种：那个谁谁谁怎么做的……（比较）

肖的妻子最近过生日，他听见妻子旁敲侧击地说："单位的芸最近生日的时候，老公订了一个超好的江景房吃饭，还买了一个啥啥啥……"

本来老婆过生日他也准备好了礼物，准备一家人出去吃一顿，但是听到老婆这么说的时候，他反而失了兴致，就草草送了礼物了事，连生日快乐也是让孩子去说的，其他的温情话也没再说了。

妻子闷闷不乐的时候，可能还不知道自己的这种比较，已经成了丈夫不愿意满足她心愿的阻力。

如同孩子不喜欢妈妈总是拿"别人家的孩子"来压迫自己，夫妻之间，也是不喜欢这种比较的。

当你有意无意地突出他人做得好的部分，打击、提醒伴侣做得不足的部分，这很容易给对方压力。他就更不容易在自然的状态下满足你的需求，即便是迫于压力去满足了，也会心存不甘。

第三种：就是你，什么什么……（回避责任）

在日常生活当中，我们免不了会遇到各种棘手的问题。不少夫妻在此时通常喜欢以"看看你，就是你搞的……"去责难对方。

这个时候，另外一方如果也不冷静，双方就容易把小事演变成一场"责任追究"大会，不欢而散。

实际上，当问题和困难出现的时候，当事人是感觉最难受和最需要理解的人，此时在身边的伴侣如果能够充当安抚者的角色，而不是指责者的角色，当事人更容易因为这种理解而心怀感激，平静下来，从而找到解决问题的办法。

如果当事人是两个人，一方能够主动承担属于自己的部分责任，甚至是多包揽一些责任，对方也会迅速从激烈的情绪当中平复下来，这有利于事情的解决。

在很多事情上，我们或许改变不了对方和外界环境，但是如果能主动承担责任，勇敢地去行动，往往也是一个良好的开端。

第四种：你这样是不对的……（执着对错）

有一次在开会的时候，一对夫妻在场，丈夫刚刚针对议题说了几句话，妻子当场就脱口而出："你这样说是不对的……"

当时丈夫的脸一下子耷拉下来，脸上写着三个大字"一边去！"妻子显然没有照顾到丈夫的面子和情绪，把日常在家中的对话模式搬到了外人面前，一下子激起了丈夫的不满。

常言道，家不是讲理的地方，对错真的没有那么重要。虽然真实地表达自己的需求和观念是必要的，但是，是不是要在一件事情上严格区分对错呢？或许没有那么重要。

电影《爱情呼叫转移》中，男主人公因为挤牙膏从中间挤这种生活习惯上的小事总是受到妻子批评，最终受不了，离开了妻子。

一方如果执着于另一方并不那么在意的事情上的对错，另一方会有很强的不适感。事实上，对与错从不同角度看，结果并不一定相同。

比如，妻子认为丈夫应该少喝酒，保护身体，但如果丈夫那个时候因为没喝酒，心里非常不开心，去通宵打游戏了，这或许对身体伤害更大。

我们经常赞美一个人情商高，其中一个重要品质就是，他擅长通过恰如其分的言行，让对方感到舒适妥帖，并且实现自己想要的结果。

那么，我们在沟通中有哪些是一定不能忘记的呢？

或许这个答案对不同的沟通对象来说都是不同的，但有一些共同规律我们可以借鉴。

区分事实和感受

印度哲学家克里希那穆提曾经说："不带评论的观察是人类智力的最高形式。"

《非暴力沟通》的作者马歇尔为我们讲了这样一则故事。

有一对夫妻，结婚三十九年，他们在钱的使用的问题上有冲突，结婚半年之内妻子就两次透支了支票。从那之后丈夫就把支票本锁了起来，再也不让妻子去碰。为了这件事情他们吵了三十九年。

马歇尔问他们："在这个问题上，你们的需求是什么？"

一开始他们都回答不上来，却一致用评判的方法给对方贴标签。

后来在马歇尔的引导下，丈夫说："我会觉得害怕，因为我需要在经济上保护整个家庭。"

丈夫这么一说，妻子瞬间就理解了，妻子说："我会觉得羞愧，因为我需要被家里人认可。"

当知道彼此的需要之后，他们吵架就吵不起来了。

非暴力沟通最重要的原则就是区分清楚观察和感受，然后表达自己的需求和请求。观察是客观的，也就是事实本来的样子，而感受却是主观的。

比如你没有洗衣服，这是观察到的，但"你一点都不心疼我""不替我分担"，这却是我们的主观感受和评判。

我表达"你真不爱干净""不愿意干家务"你可能会反感，如果我采用非暴力沟通方法，表达为：

你没有洗衣服（观察），我感觉到这加重了我的家务活，我感受到自己不被你心疼（感受），我希望你能分担家务（需求），你洗衣服，可以吗（请求）？

相信大部分人听到这种表达方式都会欣然接受的。

带着爱和信任去沟通

不少人在琐碎的生活当中，很喜欢给对方贴上一些标签，比如"他就是这种不思上进的人""她就是这么懒，心不在焉"……

每次听到这种评价的时候，我很期待他们能够先放下对对方的期待和评判，用全新的眼光去看待身边这个最熟悉的人。

我们的很多沟通之所以会无效，除了技巧上的原因，背后还隐藏着很大的不信任，缺乏真正的爱的流动。

比如，你觉得他不会带孩子，与批评和指责相比，更有效的方式是你从信念上先相信他完全可以以他自己的方式把孩子带好，并且充分地鼓励他，让他多参与，慢慢地让他有参与感，并感受到成就感，把与孩子相处这件事情做好。

秘诀就是，你期望对方是什么样子，首先自己要沉浸在那种状态之中，看见对方，鼓励对方。

麻木，正在杀死中年人的婚姻生活

文 / 火小柴

最近，冲着孙红雷，我追了《带着爸爸去留学》这部剧。

电视剧围绕着三个破碎的家庭展开，剧情有些狗血，却让我看到了许多中年夫妻的婚姻现状。

多少中年女人在刘敏涛饰演的陪读妈妈刘若瑜身上看到了自己。

她曾是北京医院有名的"脑外一把刀"，曾对生活、对婚姻充满向往。后来，她怕儿子在国外留学不适应，抛下奋斗半生的事业，甘心做一个全职妈妈。

她对儿子说："我在这儿给你陪读，是我的使命，我的任务就是保护你，让你沿着我设置的轨迹不差毫厘地走下去。"

她放弃了事业，放弃了自己的生活，放弃了自己的未来，把一切倾注在儿子身上。

叛逆的儿子，分居两地的夫妻，破碎的生活，渐渐击溃了她。

付出全部，换来的结果，却是离婚。

她点燃旧照片，险些将房子烧毁；用酒精麻痹自己，不慎坠入湖中，差点丧命。

绝望的她说："这明媚的阳光，怎么就照不到我的身上呢？"

这样的婚姻组合在现实中却随处可见：一个毫无保留为家付出的女人，和一个消失的男人。

每一个控制狂妈妈背后都有一个消失的爱人

电影《万箭穿心》中的李宝莉就讲了这样一个故事。

她不善言辞，有些笨拙。

吃饭时，她感谢老公，说不出甜言蜜语，只会笨拙地说句："托了你的福。"

可她爱这个家。面对老公出轨，她也不肯离婚。分房而睡，她低到尘埃里，为老公脱袜子，试图挽回。

她是中国最常见的一种女人，勤俭持家，不求荣华富贵，不求浓情蜜意，只求全家健康平安。

可她的不幸也是最常见的不幸，没有一个人念她的好，没有一个人感谢她的付出，反而嫌她、怨她。

这让我想起《坡道上的家》中的一个镜头。

在一片老式的居民区里，女人的家就在坡道上方。镜头摇摇晃晃，女人抱着孩子，独自走在空荡的上坡路上。只有孩子哇哇的哭声，和女人筋疲力尽的喘息声。

孤独、静默又声嘶力竭，这是许多中年女性的真实写照。

当走入婚姻，她就开始丧失了自己。

不管什么年纪，只要没结婚，都会被催婚催到怀疑人生。结婚了，立刻就从催婚无缝衔接到什么时候生孩子。

木心说：孩子出生的那一天，"妈妈"也出生了，从一个女孩子、女子，变成了时时刻刻不知道"如何是好"的人。不仅自己不知道"如何是好"，也不知道要将孩子"如何是好"。

一个女人成为妻子，她对自己的认识就从一个人变成两个人，生完孩子，就变成了三个人，时时刻刻想着家里。

抖音上有个"娶了校花之后的生活"的话题，很多男人偷拍下老婆洗衣做饭的背影，配字：当年害得老子追你好久，如今你还不是给我当洗衣做饭的免费保姆。

微博上一个"追到喜欢的人是什么体验"的话题，仍有男人发布老婆一边带孩子一边做家务的照片，写的也是：当初为了追她费尽心思，现在她不也乖乖给我生了两个儿子还服服帖帖地干活吗？

多少女人，变成了两个人的保姆，被困在其中。

长年累月，婚姻就像一场看不到尽头的抗战。

等到步入中年，别说甜蜜浪漫了，就连好好吃饭、好好说话都很难。

要说痛苦，好像也不怎么痛苦。

可要说不痛苦，又感觉自己身上长满了虱子。

中年女性说爱情：看淡了，没有，就算了

要说步入中年之前，有个孩子，好歹算是个念想。

中年一到，孩子要么在叛逆期，要么是已经离开自己，进入大学或者步入社会。

家里突然从三个人变成两个人，这时，那种疏离感在空空荡荡的房间中蔓延开来，压得人喘不上气。

2019 年 6 月 29 日，四十八岁的韩国女演员全美善被发现在酒店浴室中结束了自己的生命。

她曾多次被提名韩国电影大奖，始终给人以希望和温暖的形象。

即使 2019 年 6 月 25 日，全美善出席新电影的记者会时，依然笑容灿烂。

光鲜亮丽的背后，是死亡的婚姻和一地鸡毛的生活。

她在生前打给父亲的最后一通电话里说道："家里有很多病人，很辛苦。"

父母是身体上的病，她是心里的病。她常年患有抑郁症。

她也曾在综艺《乘风破浪》中坦露，结婚后，很少有机会见到丈夫，只有蜜月旅行的四天时间，才能和丈夫每天见面。甚至在怀孕期间，见到丈夫的次数也屈指可数。

需要照顾的重病老人，丧偶般的婚姻，压力巨大的工作，这些苦都得自己咽，她连一个发泄的出口都没有。

她的生活困境与我们是如此相似。多少女人与她之间只有一条狭窄的红线，一旦崩溃，便会如她一般坠入深渊。

婚姻的意义是什么？

龙应台写给儿子的书中这样说：你需要的伴侣，最好是那能够和你并肩立在船头，浅斟低唱两岸风光，同时更能在惊涛骇浪中紧紧握住你的手不放的人。换句话说，最好他本身不是你必须应付的惊涛骇浪。

现实中，多少人的婚姻却宛如一个黑洞，慢慢吞噬着自己。

我问过许多中年男人，在这种婚姻中，你究竟在想什么？

得到的回答，几乎都是如此：

工作，混到现在，基本就是摸到了"天花板"。工资凑合，但不敢跳槽，也知道自己没什么本事了。

老人，浑身是病，愁啊，可没办法呀，我很想拿自己的生命换爸妈的健康，真的是天天在祈祷。

家里，和睦不起来，一点儿交流都没有，一言不合就会开吵，比不吵架还可怕的是，她完全不理你，把你当成空气。

要不是有点共同财产，要不是觉得孩子在单亲家庭长大会不幸福，早就离了。

我知道我每天打游戏，待在自己的房间里，不交流，是在逃避。

但你问我想不想改变？

我不想，早就麻木了。

我也问过许多中年女人在想什么？

很多人也这样说：

我都这个岁数了，很多事情都看淡了，没有，就算了，不也得照样过下去吗？

中年最可怕的不是痛苦，而是……

一个人最可怕的，不是愤怒，不是焦虑，不是痛苦，而是麻木。

他对一切都觉得无所谓，一切都算了，算了算了，一生就这么算了，活着就像行尸走肉。

婚姻什么时候不再痛苦？不在乎的时候。他随便怎样，都算了。在这背后，是渴望的丧失。

我们为什么痛苦？

因为得不到，所以痛苦。可得不到的背后，是渴望。

每一个痛苦背后都有一个渴望。陷入迷茫，陷入抑郁，陷入悲伤，陷入愤怒，陷入痛苦，都不可怕，因为它们在告诉你，你还有渴望，你还有渴望！

这难道不令人开心吗？

或许，你渴望他的在乎。

有一天，你加班到很晚，回家吃完饭，他说："今天你不用洗碗了，我来洗。"

有所渴望，就还能在细微之处看到婚姻的美好。

或许，你渴望他能站在你的身边。

有一天，你跟同事聚会，喝多了，下意识拿起电话，问他："能不能来接我？"

有所渴望，就还在心底最柔软的地方深深依恋着他。

或许，你渴望他的依恋。

有一天，起床，你在做早饭，他静静地走过来，站在你的身后，就那样默不作声地看着你。

有所渴望，就还能彼此依恋，就还能感受到爱意。

如果你正在痛苦中，不要急着让它消失，不要急着让自己算了。

问问自己，痛苦在提醒你什么，问问自己："你在意的是什么，你渴望的是什么？"

然后，慢慢来。

渐渐地，幸福的门，会为你打开。

那些令人窒息的控制欲

文 / 王宏梅

被困的托尔斯泰

俄国大文豪列夫·托尔斯泰在《克莱采奏鸣曲》中写过一句话：

"我们像两个囚徒，被锁在一起彼此憎恨，破坏对方的生活却试图视而不见。

"我当时并不知道 99% 的夫妻都生活在和我一样的地狱里。"

这是他和妻子索菲娅的真实写照。

索菲娅 18 岁时与 34 岁的托尔斯泰相遇、相爱、闪婚。

托尔斯泰在遇到索菲娅之前曾经过着花天酒地、放浪形骸的生活，与一个女奴长期同居，还育有一子。

热恋中的托尔斯泰认为对真心相爱的人不应有任何隐瞒，于是他让索菲娅看了他全部的日记，并且他们一生都在交换日记。这为他们后来的悲剧埋下了伏笔。

托尔斯泰婚前的生活让索菲娅痛苦、没有安全感，所以她一生都在通过控制托尔斯泰来维护自己的安全感。

她嫉妒所有与托尔斯泰亲近的人，包括她和托尔斯泰的女儿、朋友，甚至托尔斯泰作品中的爱情，都让她嫉妒得发疯！

她不断地与托尔斯泰争吵，一生自杀过无数次，来逼迫托尔斯泰向她妥协。

她会跟踪托尔斯泰，会发疯般地翻找丈夫的书房抽屉，想要找出他的秘密日记，会撕毁丈夫书房里其他人的照片，甚至会用自杀引起丈夫的注意。

托尔斯泰离家出走的想法越来越强烈，他想去一个可以逃脱妻子桎梏的地方。

在他们四十八周年结婚纪念日后一个月，凌晨三点，托尔斯泰被隔壁书房索菲娅搜查的响动声吵醒后，极度绝望地离家出走。

十一天后，年老体弱、饥寒交迫的托尔斯泰死在了一个简陋的乡下火车站里。

丈夫出走后，索菲娅又故技重施，试图投水自尽。

托尔斯泰临终前，她和子女赶往那个火车站。然而托尔斯泰只肯见子女，坚决不见她，在最后的时刻，托尔斯泰的遗言，实在令人心酸至极：

"恐怕我要死了……难啊……我要去没人打扰的地方……逃走！……必须逃走！"

终于，托尔斯泰用死亡，逃离了四十八年的婚姻，逃离了他爱过又恨过的妻子。

托尔斯泰的例子虽然极端，但是现实中，也有不少夫妻在重复托尔斯泰的悲剧，用这种没有边界的方式相处。

你跟我结婚了，你就是我的

我的一位来访者跟我吐槽他的妻子：工资全部上交，手机随时接受检查。

碰到女生打电话她一定要旁听，还时不时地插嘴来标明"领地"。每天的行程必须报备，甚至细化到每小时。同事聚会，定位也必须发给她，不仅如此，还得现场拍照给她，如果聚会中有年轻漂亮的女生，她必会盘问再三。

后来朋友学聪明了，拍照的时候不把女生拍进去，可时间长了妻子又开始怀疑：怎么总是一群男人在聚呢？

有一天，他发了照片之后，妻子火速赶往现场，发现他身边就有一个"妖精"！

这还了得，贤妻立马变身《我的前半生》里离婚前的罗子君，冲上前揪住"妖精"不放，还厉声责问："你跟我丈夫是什么关系？！"

苦不堪言的朋友求妻子给自己一些空间，可妻子却无比惊讶地睁大了眼睛："我是你的妻子，难道还有我不该知道的吗？你难道对我还有隐瞒吗？"

丈夫争辩道："你是我的妻子，可是我也有我的空间啊！"

妻子却再次语出惊人："你跟我结了婚，你的就是我的，你的一切也是我的一切！"

这意味着，结了婚，你就失去了自由，你必须成为"我的"，正如一位女性评价她和丈夫的关系：我的是我的，他的还是我的！

"我的"意味着我对你有绝对的占有权、支配权。你是我的一部分，你必须听我的！

一句话，你必须接受我的控制。

有心理学家在评价这种控制型的关系时说，关系中强势的一方把弱势的一方当成自己的一部分，而不认为对方是一个独立的人。

当另一方不听从自己的时候，他就如同身体的一部分，比如胳膊、腿不听他使唤一样，有一种突然失控的恐惧感。

所以他必须牢牢地把对方抓在自己的手里，让对方完全顺从自己，他才不至于有失控感。

因为害怕失控，所以要控制。控制欲强的人恰恰是体验了太多的"失控"，所以才要控制别人来防止失控。

很多关系模式是原生家庭的重复

我们很多关系模式无非是原生家庭中关系模式的重复。

不少父母其实在潜意识中认为，我生了你，你就是我的，你就必须听我的，你还必须成为另一个我。

"陪娃写作业的血泪史"曾经火遍朋友圈。

不止写作业，孩子所有的行为都让家长很痛苦，有的家长在痛苦中攻击孩子。

一位妈妈在给孩子穿鞋时边打边骂："你是猪脑子吗？告诉你多少遍你都记不住哪个是左哪个是右？"

为了"教"孩子，她把孩子的左脚扇肿，指着左脚厉声对孩子说："看到了没？被扇肿的这一只是左脚！左脚！如果你记不住，把你的右脚也扇肿！"

为陪孩子写作业而痛苦的妈妈，认为作业太简单了，而孩子居然不会；因为孩子左右不分而痛苦的妈妈，认为分清左右太简单了，而三岁的孩子竟然还不会！

实际上，根据儿童心理发展理论，五至七岁的儿童才有辨别左右的能力，所以三岁的孩子分不清左右很正常，就跟孩子不到一岁不会走路一样正常。

这种不分边界的"爱"给人带来很大的伤害，被控制的一方被强势的一方牢牢地绑在自己身上，会感到窒息、痛苦、生不如死。

我们每个人天生就是要做自己的，不是成为别人的一部分。

什么才能成为"我的"？物品可以，金钱可以，关系可以，但唯独人不可以。

最好的夫妻，是亲密有间

最好的夫妻关系，不是亲密无间，而是亲密有间。我们是两个圆，但不是同心圆，我们是两个独立的圆，有时有交集，更多的是独立。

刘若英在新书《我敢在你怀里孤独》中认为，爱人之间最好的状态就是"窝在爱人怀里孤独"。

刘若英和先生的生活是相互独立的。他们在家里各自拥有独立的空间，各做各的事，互不打扰，自得其乐。

他们经常同时出门，却到不同的电影院看各自想看的电影。

回到家也是一个往右走一个往左走，共同的空间是厨房和餐厅。他在他的空间做事、讲话，她不受影响，而她也拥有属于自己的空间。

他们的相处模式，充满距离感，但是心却是近的，感情日益深厚，心理上也越来越默契。

平时相互独立，各做各的事，但若在情感上有所求，对方仍是自己第一个要求助的人，而且总能获得自己想要的回馈。

刘若英回忆，自己在生儿子之前有点忧郁，不知道能否做一个好妈妈。先生没有说什么，只是淡定地请她帮忙做午饭，刘若英转身进入厨房，开始集中精力做饭，忧郁的情绪就逐渐消散。

心越近，越不需要控制对方，因为我相信，我需要你的时候，你就在那里。

男人出轨，才不是因为你不够优秀

文 / 镜鎏

幸知说

在两性关系里，我们习惯于按照自己的标准去揣测对方的需求，结果很可能是，我们付出了许多，却不是对方想要的。

最让人心痛的是，这些无效付出，白白浪费了许多精力和情感，却无法对关系产生良性效果。

金庸的小说里有一个固定套路：越是名门正派、根正苗红的男主角，越喜欢邪魔外道、心狠手辣的妖女。

比如《倚天屠龙记》里的张无忌，放着青梅竹马、门当户对的周芷若不要，非要追着成天到晚和明教作对的小妖女赵敏不放。

《天龙八部》里的游坦之，被阿紫毁了容，变残疾，捐眼睛，被虐得死去活来的，居然还是对这个小妖女不改初心。

或许你会说，这个世界就是这样，萝卜白菜各有所爱，纯属个人口味不同。

然而，事实却完全不是这样。

去年有一则新闻，一名大学教授背叛家里的"完美太太"，喜欢上一个卖白菜的大姐。

很多女性会发现，明明自己从内在修养到外在形象，哪哪都好，上得厅堂下得厨房，男人为什么还是会出轨，找的还是一个看上去各方面都不如自己的女人？

自尊受辱，自信崩塌，人生从此陷入自我怀疑……

读懂男人，不在感情里吃亏

渡边淳一曾写过一本书，叫《男人这东西》。这本书就把男人在感情里的各种心理和行为分析得十分透彻。

1. 有的男人，你对他越好，他越冷淡；对他冷，他反而又热脸来贴冷屁股。

男人天生就是一种征服欲旺盛的动物，喜欢追求各种刺激和挑战，而且非常享受追求的整个过程。

有效的关系经营，并非是一味地对他好。越是无底线付出，反而会不被珍惜，越被看作理所应当。

只有他们的道德感强到足以战胜其"动物性"，才可能谈珍惜。

2. 在一段关系中，女人完全顺从，男人会不耐烦。

有些女人天真地认为，只要对男人百依百顺、言听计从，就能守着这个男人过一辈子，结果却总是适得其反。

事实上，一旦一段关系变得无趣，对方就会逐渐失去兴趣，从而去寻找新的目标。

3. 为什么有些男人喜欢"带着一点良家气质的风尘女子"和"带着一点风尘味的良家女子"。

很多男人内心深处，总有一种"救世主"的英雄情结和"毁灭者"

的霸者气概，他们在拯救和毁灭之间游离。

妻子不论多么优秀完美，有些男人还是会出轨。所以，另一半出轨跟自己是否优秀没有必然联系，千万别因此否定自己。

也有人说，男人希望征服世界，以征服更多女人。暂时征服不了世界，只能在女人的身上找成就感。

感情走得远，要真情，还要套路

年少时，我总以为爱情就像言情小说里写的那样：弱水三千，只取一瓢。执子之手，与子偕老。

现实却给我上了惨痛的一课，一度让我觉得，"自古真情留不住，唯有套路得人心"。

初恋的年纪，我对自己喜欢的人说："我好喜欢你，做我男朋友吧。"这个男生直接从我的生活里消失了。

后来相亲认识了第一个男朋友，认认真真交往，却发现人家脚踏几只船，玩得不亦乐乎。

后来我逐渐发现，在亲密关系里，既要有情，也要经营。在经营关系上，有些"套路"是可以遵循的：

1. 交往的距离和尺度：不疏远，不紧贴。

确认一段关系之后，很多女人就会掏心挖肺，恨不得全身心奉献给对方。

比如，前几天说到的，依萍就从一个独立坚强的女孩，在遇到何书桓之后，慢慢丧失了自我。书桓跟她分手，她就变得魂不守舍，甚至想跳河。

如果把关系确定的节点，变成依附的起点，结果很可能是，这段关系会陷入一个怪圈：一个追，一个逃。

在关系中，既不高冷地疏远，也不无度追随，记得留出一点自我生长的空间，这是感情健康持久的基础。

2. 付出的方式和程度："胡萝卜加大棒"原理。

有些姑娘有了男朋友之后，就知道一味对他好，捧在手里怕掉了，含在嘴里怕化了。这种"只有胡萝卜没有大棒"的付出方式，往往会使对方习以为常，把你所有的付出当成理所当然。

另一些姑娘则会比较极端，她们条件优越，性格强势，在一段关系里总是处处要占上风，时时要分高下。

这就是典型的"只有大棒没有胡萝卜"的相处模式，久而久之，男人被"大棒"打怕了，就会去别处找"胡萝卜"。

读懂感情里的供需理论

如果去认真倾听那些分手的男女，我们可以发现，有相当比例的群体，是因为双方供需不对等而导致关系破裂。

A 女士是一个贤妻良母，喜欢把家里打扫得一尘不染、井井有条。她下班后的时间几乎都献给了家务。所以，看到下班后躺在沙发上看电视、打游戏、听音乐的老公，A 女士心中充满怨气。

A 女士的老公却给了我一个非常意外的回应：我根本不介意家里的地板是否光洁如镜，也不介意屋子里是否杂乱无章。我只希望在我忙了一天回家之后，妻子能够坐在沙发上陪我说说话、看看电视、听听音乐……

这就是典型的供需不对等导致关系破裂。

在一段两性关系里，我们习惯于按照自己的标准去揣测对方的需求，结果可能是，我们付出了许多，却不是对方想要的。

用经济学理论来解释，这些付出就是无效付出，白白浪费了许多时间精力，却无法对这段关系产生良性效果。

前段时间，李易峰主演的《动物世界》很火。他饰演的郑开司和周冬雨饰演的刘青，本来是一对惹人羡慕的小情侣。

后来因为郑开司家里突生变故，父亲从此失踪，母亲成了植物人，于是俩人的关系也可能出现裂痕。

郑开司再面对刘青的时候，不知不觉产生了自卑心理，他以为刘青想要的是一个事业有成的男朋友、一个衣食无忧的家，于是产生了抵押房子赚大钱的贪念，反而被发小李军骗得倾家荡产。

他离开的那个晚上，对刘青说"找个好人嫁了吧"，刘青哭着对他说，"这个人早就出现了"。

这时候他才明白，她想要的只是一段纯粹的爱情，哪怕跟着他会吃苦受累、担惊受怕，她也无怨无悔。

在一段两性关系里，有效沟通是非常重要的，不要总是让对方去猜你想要什么，直白地告诉他你的需求，也问清楚他真正的需求是什么。

这样，在交往过程中，你们才能避免供需不对等所积累的负面情绪，让一段关系良性发展。

男人身上四大禁区，女人轻易不能碰

文 / 郭友强

有人说与爱人的沟通是一个眼神，双方心有灵犀，不言自明；有人说与爱人的沟通是一场赌局，猜来猜去，有输有赢；有人说与爱人的沟通是一份经营，找到对的路，然后等待收获。

与爱人的沟通到底是什么呢？我个人觉得，这是一次结果未知的合作，两个人一起清理杂草丛生的路面，携手向前。

但是这次合作，却有很多容易让我们迷失的禁区。

沟通前已经写好了剧本

小静是一个温柔的女人，在结婚后，她觉得老公听话是很正常不过的事情，于是就开始要求老公听自己的话。老公有不同的声音时，小静就会大发雷霆。

沟通本是一个开放的过程，两个人没办法把事情处理好，所以商量一个大家都能接受的方法。

可小静带着"你必须听我的"的剧本沟通，就完全把沟通的开放性关闭了，取而代之的是，她在老公面前不断地呈现出一个专横强势的形象。

慢慢地，老公把这个形象和小静合二为一，而以前温柔的小静，在老公眼中早就消失不见了。

这是沟通的第一个禁区，也是我们最容易掉进去的一个陷阱。

沟通时，我们很难发现自己身处这个禁区，甚至还一直觉得自己没有任何错误。

我们常常会带着一些目的去沟通，沟通的目的一般分两层：表面的一层是我们都希望通过沟通来解决两个人之间的问题，增进彼此的关系；此外还有我们不太容易意识到的"真实目的"的一层，就是希望通过这次谈话，让对方听我的。

在沟通之前，我们内心深处已经打定主意，要说服对方按照自己的剧本走。这个剧本是什么样的，也就决定了沟通是一个什么样的结果。

如果剧本是"你必须要听我的"，呈现的沟通往往是一方不断地举各种例子、讲各种道理来试图证明自己是对的，而另一方则会由无力地抵抗，到逐渐让步，直到前者满意为止。

如果剧本是"你必须要照顾我"，呈现的沟通就是一方不断地抱怨诉说自己的委屈和不顺心，然后等待对方来安慰。即使对方也有很多委屈，在这个剧本里，你也根本不会顾及对方，只沉浸在自己的委屈中，直到对方来安慰照顾自己为止。

你在生活中经常使用的沟通剧本是什么样的呢？

长期维持一个沟通模式，是危险的开始

很多人都希望有一个稳定的婚姻关系，但关系的稳定并不是沟通相处模式的一成不变。

　　沟通模式的固定僵化，恰恰是沟通的禁区，意味着危险的悄然临近。

　　我的朋友琪琪，经常像妈妈一样照顾男朋友，对男朋友言听计从，处处尽心尽力，自己却无欲无求，觉得男朋友开心，自己就开心。周围的人都觉得，像琪琪这么好的姑娘，男人眼瞎了才会不珍惜。

　　可是事实上，他的男朋友后来真的"瞎了"，劈腿了一个非常能"作"的女生，那个女生还经常无理取闹，要男朋友必须听她的话，必须讨好她。

　　我们开始都觉得，这个女生和琪琪完全没有可比性，可后来慢慢就明白了。

　　如果你一直都在做一个完美的好人，那么对于对方来说，自己就只能做一个不够好的人，这对于对方的自我价值感来说也是一种伤害。

　　男人对于自我价值感尤为重视，琪琪做得太好，男朋友反而觉得自己没有价值，另一个女生各种刁难，反而让人觉得自己对于对方来说很重要。

　　在感情的世界里，好的沟通模式，一旦长时间地固定，也会为关系带来危害。

　　如果本来的沟通模式就存在问题，一旦固定下来，对关系的影响也会更加严重。

　　你一直是强势的一方，就说明对方不得不牺牲很多自我的部分，来包容迁就你的强势。同时，他心中对你的不满和愤怒，也会慢慢积累。

　　对方是强势的一方时，你为了维持关系可以去不断地包容对方，在这个关系中你一直听对方的，你是否会感到快乐？如果你想表达自己的声音，对方又能否听到？你慢慢积累委屈，对方却慢慢地越来越专横，这种关系又能维持多久呢？

忠言逆耳，是名正言顺的虐待

我的来访者小芸，非常精明能干，自己努力上进，也时刻督促老公，她怕老公自满、不上进，于是就开始"忠言逆耳"，一开口就挑老公的毛病，说老公的不好，让老公时刻认识到自己的不足。

老公做的工作已经很不错了，可是她偏偏鸡蛋里挑骨头，找各种瑕疵，批评老公不细心，总是懈怠，批评完之后，再鼓励老公，给老公喂鸡汤，画大饼。小芸觉得，自己为老公操了这么多心，老公该努力上进了吧。

结果却正好相反，老公干脆辞了工作，把父母送走，全职在家里带娃。

后来我在咨询中了解到，老公的自信其实已经被消磨得差不多了，他就觉得：既然我什么都做不好，那就什么都不做了，你什么都厉害，那你行你去做。

就这样，老公慢慢真的变成了小芸口中那个一无是处的男人。

很多夫妻都会有这样一个误区：忠言逆耳，夫妻之间，有时候我说话比较直，但我这是为了你好。

因为这个误区，现实中就有了很多"语不伤人死不休"的沟通。

弗洛伊德曾提出，逆耳的忠言，本质上是对他人实施情感上的殴打，这比肉体上的虐待更恶劣。

进一步的理解就是：一个人如果总是生活在恶言恶语中，他就会潜移默化地认为自己不是一个好且有价值的人。

坚持让对方打开心扉，是个不好的信号

亲密就是彼此打开心扉，彼此全然地接纳，从精神分析的角度来看，这是一种界限不清楚的表现。

生活中具体的表现是：一方面，会过多地在他人面前展露自己的内心世界，过分渴求他人理解自己，并过度依赖他人；另一方面，也会过多地想了解别人内心的世界，以便获得与他人融为一体的感觉，还想让别人依赖自己，或者拥有别人的一些决定权。

这种自我界限不清是一个信号，说明我们在坚持"不成长"。

当然，不成长还是能获得很多表面上的好处的。

自我界限不清的人往往都不太自信，不能肯定别人会对自己好，所以需要控制别人的态度，这样可以让自己更有信心一些。

我们觉得和另一个人没有界限的时候，就会自然地感到来自对方的温情，即便这些温情是想象的、不真实的。

这些表面的好处让我们坚持不成长，沉浸在不真实的温情和安全感中。一时的快乐往往会为长期的关系健康埋下隐患。等这些不真实破灭时，这对自己、对关系，都是毁灭性的打击。

如何避免这些禁区呢？

一、摒弃剧本，带着商量的态度去沟通。

二、时常换个沟通角色。今天我扮演的是严厉的父母，要求你必须听我的，那么明天就让你来做主；今天我做婴儿，让你宠溺我，明天我就像对婴儿一样去宠溺你。

三、把"忠言逆耳"变成"重话轻说"。把语言进行温和化的加

工，说出的话对方自然容易接受，聪明的人都知道，温和的建议比恶言恶语更容易被人接受。

四、选择成长。只有成长本身会带来真正的安全感，但走出舒适区也伴随着很多不适应，要在心理上做到界限清晰，非一朝一夕之功，需要长期的努力。

夫妻关系实录：婚姻的真正杀手，从来不是第三者

文 / 茗荷 潘幸知

好好说话到底有多重要

今天见到一个很久不见的朋友，她开口就向我诉苦。

新婚的妻子经常和自己吵得不可开交，他深感疲惫。

他举了一个例子，有一次他回家晚了，因为手机没电就没有来得及告诉妻子，回家以后，妻子板着脸直接对他说：

"你还知道回家？到哪里鬼混去了？"

本来他很想跟妻子说抱歉的，但因为妻子并没有给他什么好的语气和脸色，加上自己脾气也不算好，他就冷冷地回了一句："你管我呢？"

结果引发了一场家庭大战，一直闹到了丈母娘那里。

听了他的抱怨和很多吵架的情形，我毫不客气地指出了他们之间一个很重要的特点：几乎没人好好说话。

比如，丈夫晚归，又联系不上，妻子其实是担心焦虑的，如果把指责换成："你到哪里去了，我打不通你的电话，你又一反常态不跟我联系，我又害怕又担心。"

"啊，真不好意思，我手机没电，今天去的地方又没有办法充电，所以我赶紧开车回来了，就是怕你担心……"

可以想象，这种语言下，可能迎来的就不是争吵，而是一场拥抱和共享晚餐，更别提闹到长辈那里去了。

当然，这对夫妻平时因为图一时口快，相互之间积累了很多"不好好说话"的情绪，才会一点就燃，小事变大。

老话说："好言一句三冬暖，恶语伤人六月寒。"

好好说话这件事情在婚姻生活当中究竟有多重要？

会说话的夫妻，往往能轻而易举地化解很多生活中的矛盾和困难，而习惯了不好好说话、不懂沟通的夫妻，往往能把原本不错的感情消磨殆尽。

我的一位朋友，最近正想要离婚。

他们夫妻事业有成，育有两个儿女，而且孩子们也成长得很优秀，是周边人羡慕的幸福家庭。

可最近太太跟丈夫提出了离婚，而且态度非常坚决，什么人也劝不住她。

"你们能够想象，自己每天像女仆一样接受一个人的各种指责和挑剔吗？"

"什么衣服没洗干净，鸡蛋煎得老了，房子没有打扫干净……我每天都战战兢兢的。我只是提出让他照顾一下孩子，我出去跟闺密玩一下他就炸毛，各种乱七八糟的话都来了。"

"说我整天无所事事，靠他养活，不顾孩子，不顾家庭。我受够了，我要离婚，并且孩子一个不要！"

每每听到这种因为沟通引起的夫妻情感障碍，我就感到非常可惜和痛心，如果我们每个人都学习好好说话，也许很多感情都可以不以分开收场。

感情里好好说话为什么那么难？

值得我们思考的一个问题是，不少成年人可以在外面彬彬有礼，宽和待人，为什么回到家却经常对家人恶语相向，甚至大喊大叫，歇斯底里，暴露出最让人难以接受的一面？

仔细想来，也许在于以下两个方面：

1. 我们太把对方当"自己人"

人在成长中，经历了社会化的过程，后天习得很多的制约和规矩，不自觉地在不同的场合中遵守一定的规矩和底线。

比如在工作场合要扮演说一不二、很有威信的老板或者严谨负责的员工，在公共场合要扮演温文尔雅、讲礼貌懂规矩的文明人士。

但是关上门，这一切"装扮"仿佛都不再需要了。

穿着笔挺西装的人此刻把袜子满屋扔，打扮得精致优雅的人最喜欢穿着睡衣还蓬头垢面。为什么？

因为这是家，这是让人卸下面具、放松自我的地方。在这种氛围和自我允许之下，我们经常会脱口而出很多蠢话、伤人的话，因为在潜意识里，我们认为对方是家人，是"不会离开的人"。

有个丈夫经常跟我抱怨，自从有了孩子，他的妻子从一个温柔、善解人意的人变成了一个随时可以大嗓门指责他和孩子的女人。他感觉前后就像是遇到了两个人一样，不可思议。

"快去把这个奶瓶洗一下！"

"你怎么搞的，娃的尿布都湿成这个样，你都不换一下？"

他也是带娃新手，常常被妻子指责得手足无措，不知道怎么回应才好。

他从小的家庭氛围当中，爸爸妈妈之间相互尊敬，说话比较讲究，所以碰到妻子这种毫不讲究的沟通方式，他完全不能适应，一度还动了离婚的念头。

当我们习惯于把对方的行为和付出都当作理所当然，把婚姻内的不良沟通当作习惯的时候，我们无论从意识还是语言上都会缺乏动力去修正自己，而这种状态，其实就让婚姻进入了一个非常危险的境地。

2. 我们想要说服别人

情侣之间，口舌之争较多的一个重要的原因还在于，双方往往试图证明自己是对的，而对方是错误的。

妻子闻到丈夫新车里面味道很重，说："你把脚垫拿出去洗洗晒一下，气味太重不健康！"

先生说："这有什么，反正我开得少。"

"开得少又怎样？还不是需要清理一下。"

"别人都这么开，有什么关系？"

妻子突然火了："别人，就知道别人，别人我会去管吗？你就不会说好吗？"

丈夫看妻子生气了，赶忙说"好好好……"

冷静下来之后，妻子突然意识到，自己想要对方听她的，所以这里面除了关心对方的健康之外，还有一种试图"控制"的意味在里面，所以对方的语言中，就出现了一些对抗的力量。想到这里的时候，她突然就释然了。

我一向比较喜欢的一个方法，就是"放弃争论"，也就是说，一旦你察觉到自己在争论时，基本就可以闭嘴了。

每个人对每一件事情都有不同的意见，这是理所当然的。

因为每个人的观点、每个人的意见都不一样，这是一个事实，所以，你不可以要求别人的想法和观点跟你一样，如果你这么要求，你就没有承认每一个人的观点都是不一样的这个事实。

如果你不承认这个事实会怎么样呢？

"辩论"是从一个人的心里面损耗其生命能量最厉害的方法之一。

情侣之间就更是如此了。在一件事情上，谁对谁错并不重要，重要的是——当我们放弃对错、放弃辩论的时候，宽容和爱才能在双方之间流动，而自己也容易得到滋养。

爱要好好爱，话要好好说

前几日跟一对夫妻吃饭，先生递给妻子调味品，妻子都会说"谢谢"，整个吃饭期间，丈夫一直给太太夹菜："来，尝尝这个，真的不错呢。"

妻子津津有味地品尝先生夹过来的菜："呀，真好吃啊，你好有眼光。"

夫妻俩自然地拉着对方的手，笑盈盈地跟我们说话。

那种自然的爱的流动，让身边人都感觉到了。在座的大多是多年的夫妻，大多"相看两厌"，于是纷纷开始向他们请教夫妻相处秘诀。

太太一脸幸福地说："哪里有什么秘诀，都是他做得特别好。"

丈夫更不得了，直接说："她是我们家的大功臣，生了一对儿女，又养得很好，我在生活上多照顾她是应该的。"

虽然他们夫妻很谦虚，但我还是从他们的人生故事和各种细节当中嗅到了他们恩爱的秘诀。

其中最重要的一点就是，他们几乎是习惯性地赞美对方，并且，非常关注对方当下的感受。简单来说，他们既在好好爱，也在好好说话。

这恰恰是很多夫妻之间缺乏的。夫妻之间熟悉之后，在沟通上非常容易犯的错误就是前文提到的认为一切都是理所当然的，并且非要争论对错。长此以往，原本不错的感情也消磨殆尽。

我们可以尝试以下三点：

1. 不妨把他当外人

不管你身边这个人跟你走过了多少个年头，也不管他对你有多体贴宽容，和你生育过多少个儿女，你始终要在内心提醒自己，需要好好经营你们之间的情感关系。

首先要像对待外人一样，耐心地听对方说话，好好沟通。这是看见并尊重对方的一个基础，也是一个永不过时的法宝。

2. 分清事实和感受

在马歇尔·卢森堡博士的《非暴力沟通》一书中，曾经提出过四个原则：

观察：我们彼此观察到什么？

感受：我的感受如何，如何体会和表达感受？

需求：说出哪些需求导致那样的感受？

请求：为了改变局面，我的请求是什么？

现实生活中，很多人把事实和自己的主观感受混在一起，却不能明确表达自己的需求，造成沟通成本不断上升，并且效果很差。我们要区分事实和感受，明确表达自己的需求。

这四个原则运用到生活当中，是非常行之有效的方法。夫妻之间也可以很好地借鉴并予以运用。

3. 不辩论，约定休战信号

情侣之间，没有那么多对错需要区分，当你喋喋不休地想要争个输赢的时候，不妨去觉察自己，及时意识到自己的错误，并且迅速停止争论。

最近我自己的身体状态不算太好，因此对孩子少了很多耐心，很多时候都想揍他。

为了改变这个情况，我跟孩子约定，当我说"停"的时候，就是我快要发火的时候，请他立即停止当时的行为，我发现自从约定之后，我们的冲突少了很多。

这招也可以借鉴到夫妻冲突中来，你们可以共同约定一些信号，来停止辩论，完成休战，以避免一些冲突。

亲密关系的真相：世间完美的感情，从来不是命中注定

文 / 何麦子

或许，每一个女孩都曾经渴望过一个"命中注定"的恋人，幻想着与他不期而遇、一见钟情，然后坠入爱河。

你们彼此懂得，有着共同的爱好和梦想，你欣赏他所有的优点，他懂得你全部的心思。这简直就是上天安排的完美爱情。

夏琳遇到麦克斯的时候，他们都以为这段感情是上天注定的，在心里想着：对方为什么不早点出现呢？

麦克斯是大提琴演奏家，夏琳是观众，他们在后台相遇。

麦克斯觉得夏琳美丽而迷人，夏琳喜欢麦克斯身上浓郁的浪漫气息。他们同样喜欢美食和旅行，都热衷于分析身边的人。

他们都非常喜欢和在乎对方。

相处了一段时间之后，夏琳发现麦克斯非常情绪化，不开心的时候他就喜欢一个人待着，沉默而抑郁。

实际上，麦克斯一向如此，只是一开始没表现出来而已。

夏琳尝试着在麦克斯情绪不好的时候，询问他原因，或者试着用轻松的方式和他交谈；而麦克斯却总是因此被激怒，大喊着："让我

一个人待一会儿。"

夏琳觉得很失望，她那么努力想要帮助麦克斯开心起来，却被他关在心房之外。麦克斯也很失望，他对夏琳说："我还以为你理解我。"

朋友们看见他们非常在乎彼此，劝他们一起努力解决这个问题。

可两个人都非常坚持：如果这段感情是命中注定、上天安排好的，那么他们就应该能够理解和尊重对方，根本不需要努力经营。

最终，他们慢慢疏远，然后分手了。

这是卡罗尔·德韦克在《终身成长》一书中讲的故事。她在书中将人的思维模式划分为固定型思维和成长型思维，这两种思维模式使人们在生活的各个领域都有不同的表现，在情感中也是如此。

拥有固定型思维的人会认为，自己和伴侣的特质都是固定的，恋爱关系的特质也是固定的。如果两个人适合在一起，一切问题都会自然而然地解决。

而具备成长型思维的人相信一切都是可以培养的，个人、伴侣以及恋爱关系都处在不断的成长变化之中。即便是一见钟情、相见恨晚，双方仍需要不断为关系付出努力，互相磨合。

拥有固定型思维的人往往不愿意为恋爱关系努力，他们觉得恋人之间应该心有灵犀。不需要言语，彼此就可以了解对方的想法、感受和需求。

但事实上，这只能是一个美好的愿望。

卡罗尔回忆起自己刚和丈夫相识几个月时发生的故事，她非常庆幸自己当时多问了一句。

那天晚上，卡罗尔和当时还是男友的丈夫坐在一起，对方对她说："我需要一点空间。"

卡罗尔当时虽然深受打击，还是鼓足勇气问对方这句话究竟是什么意思。男友却回答："我需要你往那边坐一坐，这样我才能多些地方。"

很多时候，如果我们不去表达，对方可能根本不知道我们想要什么。

我身边有些女性朋友，常常抱怨老公送的生日礼物不合心意，觉得不用浪费，用了又不喜欢。

关键是因为害怕打击对方送礼物的积极性，她们每次还要佯装一副非常喜欢的样子。

我通常会对她们说："你可以直接告诉老公自己喜欢什么，想要什么礼物呀。""啊，那多没意思，自己要来的礼物没劲死了。"

读着纯爱言情小说长大的姑娘往往都"中毒"很深，对一见钟情、心有灵犀的爱情有着不切实际的期待。

她们渴望有个男人了解她们的一切，每一句情话都能说到自己的心坎里，每一个礼物都恰到好处，觉得那才是完美的爱情。

而这一切都是命中注定的，只要你能遇到那个对的人，就会永远幸福快乐地生活下去。

具备成长型思维的人知道不断地去沟通，努力去了解对方的想法和期望，然后讨论出彼此都能够接受的方案。

他们懂得求同存异，在尊重对方的基础上，彼此磨合出最适合双方的相处方式。他们永远在幸福快乐地为幸福的关系而努力。

正如婚姻专家艾伦·贝克所说："对两性关系最具毁灭性的想法之一就是——如果我们需要努力，这说明我们的关系里存在非常严重的问题。"

实际上，我们唯有不断努力，才有机会拥有更好的两性关系。

也许，经过和恋人一段时间的了解和磨合，你最终会发现对方身上有着你无法接受的缺点。

这时候，拥有固定型思维的人可能会想："我的另一半是不可能改变的，我做什么都无法修复我们的感情。"

而具备成长型思维的人则会尝试自己去努力做些什么，看能否弥补对方的缺点或帮助对方成长。

结婚后，乔乔发现老公的脾气越来越大，经常为了一点小事就大喊大叫。

一开始乔乔不太能够理解："就一点小事，至于吗？"

后来乔乔发现，公公婆婆日常相处的模式就是这样：公公脾气不好，经常因为一点小事大发脾气；而婆婆则是不断抱怨、指责公公的坏脾气。家庭大战常常一触即发。

乔乔开始理解老公，虽然他的脾气不好，但平常一直对自己体贴照顾、爱护有加。

乔乔试着在老公发脾气时，去共情他，对老公说："我知道你心里不好受。"或者她只是安静地陪在老公身边，但不再指责他。

慢慢地，乔乔发现，老公发完脾气的第二天会对她更好，来表达自己的歉意。

后来，乔乔又试着在老公发脾气的时候帮助他冷静下来，再慢慢和他进行比较深入的沟通。慢慢地，老公发脾气的次数越来越少了。

当然，不一定所有的伴侣都会因为你的努力而改变。

但相信对方有改变的潜质，主动行使关系中属于自己的一半主动权，敢于冒着被拒绝的风险去成长，你便不会仅仅停留在抱怨和忍耐当中。

即便最终关系失败，你也没有遗憾。

好的两性关系，能让双方共同成长，都变得更好。这里所说的成长并不是以个人的标准去改造对方以符合自己的期待，而是靠彼此的爱去激发对方的潜能，鼓励对方成为他自己最想成为的那个人。

如果我们迷信于"上天安排的完美爱情"，期望心有灵犀、一劳永逸的完美关系，而不肯付出努力，那么我们将永远也体会不到这种美妙的成长。

人到中年，婚姻死于分床睡？

文 /Ally

你能接受和另一半分房睡吗？

我问了身边很多人，大多数都说：坚决不能！

如果一对夫妻结婚四年了，每天都是分房睡，你会怎么想？

为什么有些人打死也不愿分房睡？

近几年来，人们把夫妻感情看得越来越重要，一些大大小小的事都会让女人们如临大敌，引发极度恐惧。

跟公婆同住影响夫妻感情。

两人不分担家务影响夫妻感情。

男人单位女性多，可能影响夫妻感情。

妻子跟孩子过于亲密影响夫妻感情。

妻子不注意形象影响夫妻感情。

两人长期异地影响夫妻感情。

性生活的频率和质量影响夫妻感情。

两人的沟通模式影响夫妻感情。

......

还有，分房睡，影响夫妻感情。

分房睡，为什么会影响夫妻感情呢？

1. 无法及时满足身体接触的需求

同床相拥（身体接触）是情感沟通的一种方式。

研究表明，被家人拥抱、亲吻的婴儿，比那些长期没人理会、没能接受身体抚触的婴儿的安全感更高，在情绪、心理发展上更健康。

美国著名婚姻指导专家盖瑞·查普曼博士有一本畅销书，被称为"婚姻圣经"，叫《爱的五种语言》，其中，第五种爱的语言是"身体的接触"。

我们对另一半不只有生育、经济等需求，更多的是情感需求，我们渴望形成足够稳定的依恋关系，成为彼此的一个"安全港湾"。就好像有些婴儿需要父母拥抱入睡一样，抚触等带着感情的表达让我们体验到了更多的爱和安全感。

2. 缺乏夫妻生活的仪式感

"夫妻要睡在一张床上"是我们根深蒂固的观念。更多女性担心的是——如果不在一张床上睡，似乎缺乏了生活的仪式感。甚至有人会说，分床睡，根本不像夫妻！

3. 给老公太多空间，担心他背着自己做"坏事儿"

之前，一个来访者在老公手机的"应用商店"里搜索某社交软件，结果发现对方曾经下载过（有下载痕迹）此软件，又卸载了，于是顿时开始了查岗。

晚上，老公只要玩手机，她就会坐到他身边。老公拿着手机去厕所时间长一点，她就特别紧张，担心对方是不是在社交软件上与陌生女人聊天。

同样，我一个朋友也是在发现老公有跟别人暧昧的经历后，恨不得没收老公的手机，更不可能允许对方晚上自己在另一个房间睡觉了。

同床睡，也是"监督"对方的一种方式。

我问他们，假如分床睡的时候，你老公的房间里没有任何电子设备（更没有手机），过去就是为了睡觉，可以分床睡吗？

除了一个不敢自己睡的朋友，其他人的答案都是可以。

女人对分床睡的恐惧、对任何跟夫妻事件相关的恐惧，其实都来自她们对另一半以及婚姻关系的不信任。

因为，她们在这段关系中，安全感太低了。

怎样才是亲密关系最好的距离？

女人总希望能跟另一半关系更亲密一些。只是，每天在一张床上睡觉，彼此紧密联系，会让我们更恩爱吗？夫妻关系，真的会因为分床睡变差吗？

很多夫妻新婚后，恨不得二十四小时跟对方黏在一起。一段时间后，激情消退，他们的感情也越来越趋于平淡，争吵、分歧、冲突越来越多。

这难道是因为他们之间的亲密关系不够紧密？当然不是！

泰国电影《永恒》中，女主角出轨丈夫的侄子，丈夫发现后，将两个人锁在了一起。

一开始，两个人兴奋不已，渴望长相厮守，但后来他们逐渐开始讨厌每天的紧紧捆绑，这中间并没有花太久的时间。

因为，再好的关系，也需要距离。

什么样的相处方式，才能创造亲密关系最好的距离？这就要说起依恋模式了。

依恋模式有四种：安全型、焦虑型、回避型、恐惧型。

焦虑型的人渴望亲密，总希望紧紧抓住对方，恨不得每时每刻都跟对方黏在一起；回避型则渴望距离，他们害怕太过亲密的关系，他们总希望能够与对方保持一定的距离，保持自己的独立性。

当焦虑型的人遇到回避型的人，注定成为一对彼此不满的怨偶。

正因为如此，很多夫妻才活成了"男人想逃，女人在追"的模式。

焦虑型的人真的不需要距离吗？回避型的人真的不需要亲密吗？都需要。

如果焦虑型的人遇到另一个比他们更焦虑的人，一个把他们抓得紧紧的、让他们窒息的人，他们也会开启逃跑的回避模式。同样，如果回避型的人也遇到一个更回避的人，他们也会想要主动靠近对方，去抓住对方。

所以，如果焦虑型的女人能多一些自我照顾的能力，给丈夫多一些空间，那么，男人就会停下逃跑的脚步，慢慢停下来，甚至会走向你。

夫妻感情好不好，到底是什么决定的？

简单来说，如果你们在一起的时光，两个人都是快乐多于痛苦，舒服多于压抑，那你们的感情一定差不到哪儿去。

如果你们之间争吵多于接纳，指责多于赞美，把你们每天晚上都绑在一起，只会让你们更厌恶和仇恨彼此。

如果在一起睡觉，影响了彼此的睡眠质量，影响了个人的独立空间，就是增加了关系的不快乐，反而会造成关系的不满意度的增加。

夫妻之间最重要的不是分房或者不分房，而是步调一致，对关系的要求一致。

我希望分房，每天晚上都能有自己的独立空间，而恰好你也是。

你希望每天晚上与我相拥入眠，而恰好，我也是。

这才是夫妻之间最好的状态。

如何面对男人"油瓶子倒了都不扶"的婚姻？

文 / 快乐的虫子

《坡道上的家》这部剧，能看得人好几天都心情不好，不为别的，因为这部豆瓣评分 9.0 的日剧所讲述的故事，实在是有太多地方，像极了中国的家庭。

那些隐匿在黑暗中的女人们

《坡道上的家》讲述了一个女人结婚之后，亲手杀死了自己八个月大的孩子的故事。

这个女人叫水穗，和丈夫独立居住在大城市里生活，没有和婆婆一块儿住，小夫妻两个人住在一起。

水穗被审判的时候，一名家庭妇女里沙子作为陪审员上场，就像很多家庭主妇一样，她也有着一段惊心动魄而且痛不欲生的历程。

里沙子有一个三岁的小女儿文香，然而这个女儿并不是很可爱。她哭闹，扔食物，干尽了一切所有母亲讨厌的事情。

有一次，里沙子从法院出来，辛辛苦苦了一天，然后去婆婆家接文香。她回到家还要做饭，拎着一大包东西，牵着文香这个几十斤重的孩子。

路是上坡的路，她走起来就像心脏病人一样，哼哧哼哧地喘气。

这个时候，女儿忽然说："妈妈，抱抱。"

里沙子拒绝。

文香干脆坐在地上哭，想以此来控制妈妈。

妈妈一脸无可奈何，于是躲到十几米外的街角，期待着文香能乖乖投降，然后扑过来并奶萌奶萌地喊一句："妈妈，我们回家吧。"

可是，现实中，丈夫阳一郎回来了，撞见文香一个人坐在地上哭。

这吓得里沙子赶忙去解释："不是这样的，不是你看到的这样。"言语间近乎哀求。

一个女人在婚姻中的地位，一个妻子在丈夫面前的信任，哪里还剩一点呢？

憋屈的东亚女人

都说人人生而平等，但是平等不是相等。单单就生孩子、养孩子这件事而言，在东亚地区，又有多少男人可以理解女人？

她在怀孕时浮肿，胖到将近一百四十斤，脚趾头都是肿的；她临产前两个月还在挤地铁，和地铁上的人说一声"朋友，能给我让个座吗"都要犹豫半天，怕遭人嫌弃。

这还没完，一朝分娩之后，月子期间，她们夜里还要守着娃喂奶。小家伙醒几次，自己就得醒几次，生产完的那一年多，何时睡过一个完整觉？

怀着孩子的时候，恨不得把一切有营养的东西都吃下。胎儿健壮了，自己却留下了妊娠纹，一道一道的，就像鱼鳞纹，有密集恐惧症的自己看了都烦，中医西医都看了也不见好转。

男人的啤酒肚是喝酒喝出来的，加班坐出来的；女人的妊娠纹却是"诞生"这项伟大的活动的后遗症。

和婆婆住在一起，生活习惯各种不同；不住在一起，就只能自己手忙脚乱地养孩子。

就像《坡道中的家》这部剧中的台词：新手妈妈和婴儿，可以说是这个世界上最糟糕的组合了。

可是，在生孩子之前，又有谁告诉过自己，生孩子是这么痛苦？养孩子是这么复杂的一项活动？

可笑的是，水穗的婆婆在庭审中还大放厥词："以前的女人，养育孩子，都是这么过来的。别人都行，你为什么不行？"

"别人都有母乳，母乳有益健康，为什么就你没有？"

"别人都能顺顺利利地养孩子，为什么就你不行？"

别提男人对自己的理解了，就看同为女人的前辈，也不一定能理解自己的苦楚和不易。

什么叫产后抑郁？女人若生一个孩子，然后摊上个不负责任的男人当甩手掌柜，就可以明白了。

当妻子被压迫到走投无路，杀婴悲剧一定还会重演

《坡道上的家》中的水穗，之所以在恍惚状态下溺死婴儿，是畏于丈夫的苛责。

电视剧用了象征的手法来表现这个已婚女人的无助：一个人赤脚抱着婴儿在黑暗的潭水中蹚着走，一阵风吹来，自己都能被淹没。孩子不停地哭，可是周围没有丈夫来帮忙，也没有妈妈、没有婆婆。

只有自己一个人。

作为一个女人，孤独到这份上，溺死自己的女儿这样天理不容的行为是怎么产生的，我们都能明白一二了。

当一个女人在家庭这个社会单元中，没有什么地位，甚至不如一个婴儿，就像里沙子，因为文香的无理取闹被丈夫苛责。那么，在女人被压迫到走投无路的时候，像水穗杀婴这样的悲剧，又怎么能不重演呢？

一个朋友清楚地跟我讲过，她在婆家这个大家庭中的排序。

她认为，在公公婆婆、小姑子的眼中，自己的地位永远赶不上自己那一双一个六岁、一个三岁的小儿女。

毕竟，儿女和他们是血亲，自己和他们只是姻亲，到底比不上。

这个时候，如果她的丈夫还是像里沙子的丈夫一般，坚定地让自己的女人见识到，什么叫"丧偶式育儿"，什么叫"丈夫缺位"，那么，这个妻子，也做得太没意思了。

不得不说，这部剧，真的是把女人能遭遇到的各种各样的窘境展露无遗。

有了孩子以后，里沙子在家老老实实地当家庭主妇，每天做饭洗衣带孩子。丈夫下班之后，像伺候"大爷"一样伺候着，稍有差错，就被斥责"做你做不到的事情，后果很严重"，试图让里沙子放弃陪审员这个唯一和外界接触的机会。

里沙子本来和丈夫婚前约定好了，有了孩子之后要一起承担家务，一起看孩子，结果丈夫半路反悔，甚至推诿："我不会带孩子。我父母那一辈，都是女人在家做家务、带孩子，为什么你要工作这么拼？"

即便是没孩子的女主编，到了生育的年龄，也要被父母催着生孩子，夜夜苦于和丈夫的造人计划，在职场上被下属无意取笑。

甚至是嫁给其中一个陪审员的白富美，从小家境优渥，衣食无忧，也依然没能摆脱独立育儿的命运。

一代又一代的原生家庭，塑造了"男主外，女主内"的风气

女人，在这部剧中，活得太没有尊严。里沙子不被家庭成员尊重，常常被喊去倒啤酒……女人，也活得太心酸，丈夫总是临时带同事回家，让里沙子一个人一边带孩子一边做饭，手忙脚乱；文香说闹腾就闹腾，把自己刚刚做好的饭菜一下一下地扔掉……

在家庭，这个本该是世界上最温暖的地方，她们却要独自负重前行，忍受着繁衍的重任、枯燥和崩溃，对于丈夫的失职却显得那么无能为力。

整个社会的风气就是这样，没有父辈给这一辈的小夫妻做指导。

在里沙子的印象中，爸爸是缺席的，从来都是妈妈对自己进行教导，哪怕是苛责到不恰当的养育方式。在女法官丈夫的眼中，从一出生他的记忆里就是妈妈在当家庭主妇，他没有见过男人养育孩子和做家务是什么样子。

一代又一代的原生家庭，塑造了这个社会"男主外，女主内"的基本风气。

如果男女双方彼此乐意，那么这么分工自然没有什么问题。怕就怕在就像里沙子那样，自己想要借陪审员的机会重新回归社会，却一再被丈夫贬低。他试图让妻子这个本来就有点自卑的人更加自卑，折断她在社会上飞翔的翅膀。

怕就怕在女人为了爱情、婚姻、孩子，甘愿在家洗手做羹汤，拿

起奶瓶喂孩子。

女人结婚以后怀孕、生产、养娃，无法正常工作，没有收入是正常事，结果却成了"结婚以来男方养家，女方无收入！"

当初的一句"我养你"，等两人争吵时便成了"是我养的你"。

如果整个社会都对女人对于家庭的付出无动于衷，那么，不是婴儿有一天会被溺死，就是女人有一天将要在压迫中崩溃疯狂。

这个情况该如何改变？

我的妈妈有三个孩子，从小爸爸不管做家务，在看孩子上，也都是留下妈妈在家里辛苦忙碌。那种妈妈帮小孩子们换洗衣物、做全家人的饭的场景，我至今仍然历历在目，对母亲心疼不已。

这个情况该如何改变？

人民大学的一位教授的一项研究表明："随着高等教育的普及，受教育程度越高的男人，在家务和育儿分工上，更不介意和妻子一起分担。"

这种从远古时期就开始产生的，男人在外狩猎、采集，女人在内照顾幼子、打理家务的传统，演变到现代，坚固得仿佛无坚不摧。

可是，当我们真正有能力、有足够的钱时，我们便可以解放自己，让每一个妻子无论是富家女、普通白领还是农家妇人，都可以不再下班之后围于灶边炉台，不再被迫浣洗沉重的衣物，可以交由市场手段、机器来解决。

当我们在婚姻中的精神文明足够普及，每一个丈夫都能意识到自己的妻子承担着育儿的重担，是因为"我愿意"，愿意在长久的婚姻历程中，抽出短暂的一段时间来照顾牙牙学语的新生命；而不是"女人就该一个人带孩子"，不是男人只需要当一晚上的爸爸，而女人就需要当一辈子的妈妈。

这一天的到来，需要我们每一个人的努力。

为了八万彩礼男朋友要分手！我错了吗？

文 / 杜潇婷

问：

我家是单亲家庭，家里条件不算很好。

男朋友家里条件还可以，他父母比较开明，讲话很和善，也很照顾我。

但是后来准备结婚时，我妈跟男朋友谈到彩礼，很委婉地说大概要八万八讨个吉利。这在我们周围是有点高，但以男朋友家的经济状况是完全可以负担的。

但我男朋友当时就有点不高兴了，晚上直接跟我谈分手。

他说，以前我就嫌弃农村的，但没嫌弃你。结果现在，你妈看我条件稍微好点，就想多蹭点。现在我不给彩礼，婚也不结了，我们直接分手吧。我们要是不在一个地方，不在一个学校，也会各自遇到喜欢的人。

我跟他解释我妈不是贪小便宜的人，只是思想比较古板，怕我吃亏而已。他说谁都说自己妈好，还说我本来就是农村的，标签就在那儿，解释也没用。

男朋友固执得可怕，劝不回怎么办？

答：

从你的描述来看，对这段关系的挽回并不乐观。有几点分析给你做参考。

男友要分手，并不简单因为彩礼钱，而是对"农村人"有不良的印象。

从你提供的信息中，我暂时无法确认他基于什么原因而嫌弃，具体嫌弃的是什么，我猜测应该是类似于"把嫁女儿当赚钱的机会"的想法，彩礼钱像是印证了对方的观点。

所以，你要意识到，两人分歧的性质是有关身份、价值观的深入问题，而不是彩礼要多了这件单一的事。

要想处理价值观不合的问题，需要让自己从结婚的冲动中停下来，重新评估两人的感情基础、个性差异、和原生家庭的关系、对未来婚姻生活的期待和规划、处理冲突的方式等几个最重要的方面。

冷静评估这段关系的难度，真实地问自己是否想进入这样的关系，以及双方是否对差异有基本的协商意愿和方案。

目前看起来，你的状态更像是，都快走到结婚了，别卡在临门一脚上，所以有意无意想要忽略对方明确传递的"没有协商意愿"这个关键。

假装没看见，不面对问题，是无法找到解决方案的。

我们来做一个简单的评估。

1. 户口归属

从男友的态度来看，男友对农村户口持负面评价；你对城市户口没有明显的不良看法。

2. 家庭结构问题

你提到自己是单亲；男方的家庭氛围目前看起来不错。

3. 和原生家庭的关系

男方和父母在婚姻这件事上是协商关系，男方有自己的明确想法（不给彩礼，不办酒席），男方父母给意见，男方会在一定程度上采纳。

你和母亲在这件事上是"代言关系"，你没有提及自己的明确想法，你的妈妈是实际的女方决策人，你采取了由妈妈做主，自己尽量给男友做工作的配合性角色。

这让男友对于结婚这件事的话语权比你高出很多。

4. 可选择空间

男友"我们要是不在一个地方，不在一个学校，也会遇到喜欢的人"，是在表示：没有你，我也会遇到喜欢的人。你的回应是向他解释，态度是：我还是想和你结婚。

5. 感情基础

面对彩礼的分歧，你的态度是基本向着妈妈，做男友的工作，而男方对你是明显的对立情绪。

这代表，你和男友两个人没有形成一个利益情感共同体，仍然和各自的原生家庭很紧密——你更体谅你的母亲，他也心疼自己的父母，不想一下拿出这么多钱。

所以，从现实情况和主观心态结合来看，你们两个人对这段关系的投入程度非常不一致，有种男方姿态较高，而你在"高攀"的感觉。这种局面，不容易达成互相尊重的关系基础。

后续建议

如果你仍然很想继续这段关系，可以向他询问"农村人"都给他什么样的印象，当时发生了什么，让男友形成了这些印象。

在这个过程中，无论对方是否说得在理，自己的感情是否受到伤害，都先不要反驳或解释。等自己一个人静下来，回想男方提到的事实因素，自己家里是否确实有这样的情况；情绪因素，自己是否能招架。

如果男方的几个点正好和你家里的情况相符，这段感情就像你正好处在他的雷区，他是很难接纳你的家庭的，婚姻失败几乎是必然，因此你就要慢慢学习放手。

如果对方只有个别点相符，或者完全不一样，可以向男方说明不是所有的农村人都是他认为的样子，你的家庭在这些点上，通常都是怎么做的，让对方对你的成长环境更加了解，然后愿意再试试看。

无论结果如何，都要开始扩大你自己的选择空间，我指的是——除了这个人，你也有许多其他人可以认识；除了马上进入婚姻，事业发展也是很重要的一部分。

说清楚自己是怎样的，然后就去过你自己的日子，让对方来主动提方案。你的心理空间越大，越容易在关系中被尊重、有更高的价值感，未来更容易幸福。

想想当年给的那些彩礼，你心里是什么滋味？

文 / 花朵朵

前天夜里，大雨如注，我在房间里看着电视，男朋友忽然问我："我如果娶你，要给你们家多少钱？"

"不要钱。"我一脸云淡风轻。

"你爸爸会打死你的。"男朋友几乎是条件反射地脱口而出。

就连男朋友，他也不相信，爸爸会同意我分文不要地嫁给他。于是我开始思考彩礼的意义。

今天和内容部的同事探讨到彩礼这个话题的时候，大家一致认为"人们对彩礼的看法是不一致的"。在此，我就挑选出了五种有代表性的关于彩礼的观点，和大家一起分享。

沿途与他车厢中私奔般恋爱，再挤迫都不放开

师姐是"85"后，北京人，和同是北京人的师兄恋爱了八年。师姐因为他，还把工作换到了他家附近。

多年的磕磕绊绊最终都融于温柔缱绻之间。有一天，师姐开心地告诉我，她终于结婚了，房产证上写的是师姐一个人的名字。

她和我说的那一刻，我才明白，他们为什么交往了那么久还没有结婚，可能是因为师兄自卑没有婚房。

师姐为了和他在一起，把能放弃的都放弃了。即使有一天他们分手，估计师姐也不会要什么，只会把和她有关系的东西都拿走吧。

现如今竟有女子能有卓文君的勇气，虽然没有去和司马相如当垆卖酒，但是也自有一番天不怕地不怕为真爱一往无前的豪气。

一套写着自己一个人名字的北京房产，这样的一份彩礼，这样一种用金钱赠予女方的安全感，也比不上这个女子勇敢去爱的勇气。

那么用杨千嬅《少女的祈祷》中"沿途与他车厢中私奔般恋爱，再挤迫都不放开"这句歌词来形容师姐眼里彩礼的意义，再恰当不过了——想必彩礼不入她的眼，因为她和师兄情比金坚，已经不需要彩礼来佐证了，即使师兄依然送了她一套北京的房产。

彩礼我可以不要，但他不能不给

恬恬，1987 年生，北京人。

恬恬是个很特别的人，清爽的短发，白白的皮肤。她的工位干净、整洁又漂亮。和我桌子上只摆着笔记本和茶杯相比，恬恬的桌子上有酸奶、多肉、护腕巾……

之前所有一切关于热爱生活、简单而又精致的想象，就是她了。

嗯，就是这样一个姑娘，她单身。原因我们曾多次交谈过，在于恬恬更在意灵魂的契合度。

"从某种程度上，彩礼反映了你即将走进的家庭对你的重视程度。"恬恬一字一句地把话发送过来。

"彩礼我可以不要，但他不能不给。婚姻在我看来，是生死之交。

一个和你生死相依的人，还在乎他的钱远胜过你，那我不会和这样的人结婚。"

"既然都已经到了送彩礼的地步了，那么男女双方之前已经视彼此为生死之交了吧？"我问。

"我的钱永远是我的，他不一定永远是我的。现在好多家长的思维就是，孩子永远是我的，儿媳或者女婿不一定永远是。现在有多少老人给儿女买房写两个人的名字，很多都写自己的名字吧？"恬恬义愤填膺地怼回来。

彩礼是喜庆的象征，是仪式感

1990 年出生的静静是河北邯郸人，结婚已有六年。如今育有一子一女。

去年看到表妹结婚时收到十万的彩礼，而自己结婚时才三万，静静就打趣自己嫁得太早了，但还是郑重其事地发表了自己对彩礼的看法："彩礼是一种风俗。把闺女养这么大，嫁出去都是要彩礼的。本身结婚是好事，彩礼是喜庆的象征，但是现在很多女方家长要的彩礼太多，让人承受的压力太大。"

《如果蜗牛有爱情》中一段经典台词，是用来形容婚礼的仪式感的：仪式，把内在情绪感受外化表现出来，并且与其他的个体进行分享，从而使人获得安全感跟神圣感。

从社会角度来讲，仪式感可以确认个人身份跟集体认同；从心理角度来讲，仪式感可以让个人生命划分节点，给绵延时间赋予意义。

彩礼是婚礼的一部分。从这种角度而言，彩礼给人带来仪式感。

只是意思一下，最终还是到小两口手里

青青 1995 年出生，陕西人，温柔恬静。青青未婚，但是身边的很多女孩子都结婚了。

"彩礼是物化女性的一种手段。都这么多年了。"青青甚至认为彩礼是古代贫穷人家卖女儿的一种手段。千年的风俗延续下来之后，现在的彩礼只是走个过场。

《礼记》上这样记载婚礼："婚有六礼，纳采、问名、纳吉、纳征、请期、亲迎。"秦汉时期的纳征便是今天彩礼的雏形。

"现在彩礼基本上都换成嫁妆了，父母也都希望闺女嫁过去之后过得好。但我也见过把彩礼留在家里的父母。"青青补充，"父母如果留下彩礼钱给儿子结婚用，那也无可厚非，毕竟在目前结婚男方需要付出很多。"

我家少了个人，你要补偿我

一位男性网友自 2009 年就开始混迹于天涯社区的婆媳关系版块。关于彩礼，他有一段经典的话，在此引用——

借婚姻要彩礼的，这里的'要'，就是女方说个标准，或咬死价格，或者可适当砍价。其实都是吃亏心理在作怪：

一、我家少了个人，你家多了个人，我吃亏了，你要补偿我；

二、将来孝顺公婆多，孝顺岳父母少，我可能吃亏，你要提前补偿；

三、将来婚姻发生变故，女方成了二婚头，婚姻市场掉价了，我吃亏，你要给我补偿；

四、共同生的孩子，却姓你家的姓，我吃亏了，你要补偿。

咨询师的话：真正的爱和尊重不是你要求来的

彩礼，真的是相互试探感情又争夺金钱的游戏吗？情感咨询师王宏梅是这么理解彩礼的：

彩礼文化既然存在，肯定有它合理的因素，在经济能力许可的范围内，用钱来表达爱也无可厚非。

其实大多数女孩要的并不是钱，而是钱代表的珍惜、尊重和爱。他们认为男方舍得为自己花钱，说明珍惜自己。

在农村，很多新娘出嫁当天会通过故意要钱、要物来刁难新郎，其实是唯恐嫁过去以后被看不起，这个时候摆一下谱来证明自己是有价值的。

可是真正的爱和尊重不是你要求来的，而是对方发自内心给予的。如果你索取"天价彩礼"来刁难对方，你的摆谱很容易被看穿，他们会从内心更加轻视你。

第三章

情感还是道德：面对婚姻背叛的取舍智慧

从娘家回来，我发现第三者住进了我家

文 / 江左梅娘

男人也会嫌你穷

这次见到娟姐是在过年的时候。

她皮肤红润，气色好了很多，笑盈盈地在美容院门口招揽生意，我问候了她几句之后，就和她开玩笑说："嫁入豪门了，怎么还亲自出来工作？"

娟姐笑了笑。再豪的门也不如自己豪来得安心！

娟姐的老公是她的第二任，比她大了足足九岁，是一个事业单位的领导，前一任老婆生病去世了。娟姐结婚之后，很多人都说她是交了好运。

怎么不是好运呢？相比娟姐的前任老公，现任老公实在是好太多了。前任不过是一个司机，可现任却是正处级干部，退休金足够两个人潇洒生活。

可这样的幸运来得太迟。

娟姐，年轻的时候很漂亮，有很多人追求。她读书成绩一般，后来勉强上了一个中专，毕业以后，也没有什么好工作可选，就在一个商场里做营业员。

就是在那个时候，娟姐认识了前任老公。老公长得一表人才，只是穷点儿，但挺会来事儿，一段时间接触下来，两个人就谈婚论嫁了，很快就有了一个女儿，一家人挺幸福。老公跑完车以后，经常过来接娟姐。

娟姐服装店的隔壁是一个护肤品店，老板娘是个四十岁的离婚女人，每天打扮得花枝招展的。

据说这个女人挺厉害，家里五套房子，外面还开了一家美容院。娟姐的老公常过来看娟姐，有时候也会和这个女人寒暄几句，都是常见的客套，并没有什么异常。

直到有一天，老公直接和她摊牌，说自己和那个老板娘有孩子了，是儿子。

娟姐简直恍若梦中，离不离婚，她都没得选。

她十分想不通，自己的姿色甩那个老板娘几条街，老公要是想要儿子的话，自己也可以再生。老公挣得不多，自己也从来没有嫌弃过，两个人感情也一直挺好的，怎么就发生这种事情了呢？

她想起老公曾经和他提过，某某老丈人支持女婿做生意，赚得盆满钵满；某某的老婆做微商也超级能赚钱，给老公换了一辆"大奔"。

娟姐那时候每个月工资不足一千块，但她觉得赚钱不应该是男人的事吗？所以根本没多想，只认为这不过是老公随口说说而已。

可现在，这些对话就像电影一样在娟姐的脑海中放映，她似乎明白了。

和老公离婚的时候，他说过的一句话到现在娟姐都记忆犹新。

前夫说，你再好看有什么用？好看也不能当钱花。那意思很明显，那个老板娘，比娟姐有钱。

她不嫌弃他，他倒是嫌弃她穷

娟姐后来听说，那个老板娘资助了前夫一笔钱，盘下了整个货运公司的一条线。

女人年轻的时候，美丽似乎是最大的资本，可是这个资本随着时间的流逝会越来越贬值。

亦舒有一句名言：一个人可以挨穷，两个人就不行了，因为会忍不住把自己的穷，都怪罪给对方。

生活中更多的情形，也许是女人怪罪男人居多，娟姐面临的情况是相反的，但本质没区别。

我不会永远爱你，除非你有利用价值

我成为王姐的倾诉对象是很偶然的事情，她的父亲和我的父亲是医学院的同学，我中学时，牙齿老发炎，总去她父亲的牙科医院，她那时候总在里面帮忙，一来二去就认识了。

王姐大学里学的也是牙科，有一个在大学结识的男友。那时候王姐家境好，长得也不错，性格脾气也是人见人爱，追她的人不少。而男友，不过是个穷小子，能追上王姐那真是煞费苦心。

王姐当时压根儿就没有看上他，两个人差距实在是太大，可是她没有架住穷小子的一手好文章。

男友虽没钱，没法给她送礼物、陪她吃大餐，但他能每天写一封情书给王姐。

在信中，他说自己家以前也是大户，后来因为种种原因才败落了，说王姐如果愿意嫁给他，他一定对她如何如何好，一万年不变。总之

文辞华美，情词恳切，王姐读完脸颊发烫，心里小鹿乱撞。

被王姐拒绝了几次，男友还坚持不懈地一直追求她，还一直追到她家所在的城市，最后终于抱得美人归。

他俩一开始就先在王姐父亲那里实习，有了一定的资历之后，王姐老公说想单干，老岳父就给了他们小夫妻一笔钱，于是他们开了一个小诊所。

王姐的老公算是技术过硬又很会来事儿的那种人。虽说他是穷小子出身，但是长得一点儿都不寒碜，尤其是诊所越开越好的时候，那种意气风发的劲儿，在人群中很是耀眼。

虽然在婚后，王姐逐渐知道老公哪里是什么名门之后，家中务农，父母离婚复婚多次，在老公的故乡，他们家名声很臭。

但是想想他的才干，自己的舒服日子，纵然知道被骗，也就算了。

王姐的婚姻生活头两年还不错，老公虽忙，但是每天准时回家，在家里和王姐说话从来不敢大声，事无巨细，几乎通通都听王姐的，真的实践了老公情书里曾经写的那句"你负责貌美如花，我负责赚钱养家"的模式，然而后来，老公总是说"忙忙忙"，待她日渐冷淡。无聊的王姐平时没事儿，就经常去和"贵妇团"的太太们喝下午茶，或者去参加一些小学、初中、高中同学的同学会，大家都很羡慕她的贵妇生活。

王姐想，有得必有失，自己也该知足了吧。

比起老公的光辉闪耀，王姐已经赋闲在家五年了，每天就是做做美容和烘焙，她依然觉得自己还是骄傲的公主，而老公还是当初那个追她追得特别辛苦的穷小子。她显然没有意识到自己和老公的差距越来越远，直到有一天……

王姐的父亲得癌症住院了，去了上海的医院，住院费高昂，王姐先拿出自己的一点积蓄，不够，于是王姐问老公要，老公问她要转多少，她说先二十万吧，老公眼睛一睁，怎么这么多？

王姐的心瞬间一凉，想着公公大前年住院，老公一下给了十万，婆婆去年做手术，老公也给了十五万，她也没说什么。而且，老公开诊所用的钱是老丈人给的，平常日常开销，老爸也经常贴补，可如今，老公竟是这样的态度。

在那一刻，王姐觉得老公真的好陌生。

有人说，被哄骗进一段感情中的人，短时间内会感觉自己遇到了万中无一的真爱，而事实的真相往往是，对方的不安全感维系着这种不平等的付出，一旦这种不安全感消失，所有的付出都会得到偿还。

王姐终于明白，这个男人欺骗她的并不只是他的背景，还有他和她的这场婚姻。

爱情也会变质，公主也会走向刑台

到现在为止，孙姐都不愿意相信，一直爱自己的老公竟然在这件事情上这样对她。

如果你了解了孙姐和老公的初恋故事，你也一定不会相信。

很多人都说琼瑶剧是"毒剧"，因为太不真实，然而孙姐说，她曾经就真的是活在琼瑶剧里的"公主"。

怎么说呢？孙姐和老公是同学，曾经坐前后桌。老公一直暗恋她，据他说，从小学就开始了。

孙姐从小就生得美。老公说，他永远都忘不掉她的大眼睛，那就是他的日月星辰。

孙姐读书成绩并不好，大学随便上了个专科，毕业后就上班了，而老公呢？是个"学霸"，考上重点高校，毕业以后，进了一个很高端的研究所。

孙姐从来没有想过，自己能和他走到一起，因为两人差距实在太大了，虽然，他从来没有和她断了联系，而她以为，这不过是同学之谊。

直到他真的向她表白，并带她去看了他们在北京的房子，她才明白这个男人是真的要娶她。

结婚那天，老公的父母一直绷着脸，冷冷的。她不解，后来才明白，他要娶她，他一个天之骄子要娶一个学历平平的她，实在是太不般配，他的父母怎么可能会愿意？

可是他就是爱她，非她不娶。父母反对，他绝食抗争。父母气得住院，他付了医药费，宁愿断了父子、母子关系也要和她在一起。

反正就是"山无棱，天地合"，也不能让他的心意改变，这简直是惊天地、泣鬼神的琼瑶剧本剧。

这样的爱情，她幸福得要疯掉了。

可是现实是，他爱她是真的，抛弃她也是真的。爱她的时候浓情蜜意、真真切切，不爱她的时候，也是恩断义绝、两不相欠。

五年了，一直都是他在养家，他说，那是他作为男人的责任；一直都是她在享受。他说，那也是他的荣光。

她婚后生了一个女儿，她知道他想要个儿子。然而，她再次怀孕时，不幸的是宫外孕，非常凶险，她一侧的输卵管被摘除。医生嘱咐她，别再怀孕了，一方面是她的年龄大了，另一方面，可能还会发生宫外孕。

于是她害怕，不敢生。可是，公婆过来做工作，让她生，他也和她长谈过一次，说现在医疗技术这么发达，一定没问题的。

她赌气说："我就不生！"结果他也生气地扬长而去。以前，他可从来没有这样对待过她。

她在娘家待了足足三个月。曾经，她是被爱包围着的公主，可是现在他要她冒着生命危险生孩子。其实她心里想着，他若是说，咱们还是不生了，命比孩子重要，那她说不定还真的愿意为他铤而走险，而他显然没有这样表态。

她也不是不能冒险一次，可是，为什么她总感觉自己是被别人架上绞刑架呢？难道她就不能想不生就不生吗？

老公一直没有再打电话给她，等她回家的时候，那个家已经住进了新的女主人。

原来，就在她在娘家的时候，老公一次糊涂，让同事怀孕了……

上文三个女人的故事，一个是家境一般，要求不高的美丽妻子；一个是家里有矿的全职主妇；一个则是学历平平，曾经拥有爱情的幸运儿。她们的故事开篇都很美，结局却都很悲凉。

进入婚姻以后，她们以为越是让老公承担自己的生活责任，也就越是拥有被爱的幸福，却不知道，让别人承担责任，就是在割让自己的权利。

在婚姻中，你的责任越小，你的权利也越小

在成人的世界里，你妄图轻松，那就注定会丧失决定权、话语权，甚至是生育权。

有一句话说得好：手心向上，说话声音就小，你的声音小，就永远不会被真正地听到。

人世间，谁都未必能给谁一生一世，地久天长。不是人心易变，

多为相看两厌。

当你看着那些白发同老、含饴弄孙的老夫妻相依相伴的场景，心生羡慕的时候，可知他们这一路走来，两人之间发生过多少此起彼伏、此消彼长的力量制衡？那些能够一直走下去的伴侣，多半不是因为海誓山盟、情比金坚，而是因为势均力敌、彼此牵制。

我们的婚姻之路究竟能走多远？

它需要的是你的成长、你的成熟，是要你承担起一个成人的肩膀应该承担的重量。美貌会过期，背景会倒塌，爱情会变质，唯有一个愿意在生活压力下努力承担责任的你，可以和心爱的他，并驾齐驱。

他除了出轨，其他什么都好

文 / 王宏梅

问：

我老公除了出轨什么都好，他会做饭，学历也很高，工资是我的两倍，而且他还长得帅。

可是他始终对我不冷不热，我知道他心里一直有别人，那是他的前女友晓枫。

他和晓枫在大学度过了四年难忘的时光。但是晓枫却在毕业后出国嫁给了外国人。他一直对她念念不忘，他出轨的类型都跟他的前女友有相似之处，要么长得像、要么气质像……

他选择我，一是因为他的家里催婚，他觉得找谁都一样，无所谓；二是据他自己说我长得有几分像他的前女友。

谈恋爱时听他说起过他们之间的恋爱，我还挺感动，觉得这个男人好长情，对前女友这么念念不忘，一定很专一。而且他的前女友远在天边，也不会对我们造成威胁。

但是我想错了，结婚后他就不停地出轨，每次出轨以后，他会说："我没办法，我实在忘不了晓枫，看到××（出轨对象的名字），我就情不自禁地想起了晓枫。"

我一度以为有了孩子以后他就会收心，但是我又错了，女儿现在三岁，他从没管过。他出轨成了家常便饭，出轨对象换了一个又一个，而且他现在越来越不把我当回事。

老师，您说我该不该离开他？

答：

看起来，"除了出轨"，老公就是一个完美男人啊，这是你不舍得离开他的原因吧？

出轨还要打着"深情难忘"的理由，我真的没见过比这个更无耻的出轨理由。

他看起来很好，甚至很深情，可是他的深情并不是对你，而是他所谓的忘不了的前女友。

可是他对你呢，却"不冷不热"，看起来这是一段严重失衡的关系。

一方爱对方没有底线，而另一方却全然不爱对方，乃至完全不把对方放在眼里。

一开始他就把你当作前女友的替身，本身就是对你的不尊重，可是你完全不在意，反而因为爱他而蒙上了自己的眼睛，不想看到这段关系的真相。这是你的不幸的开始。

你们的关系从一开始就是不对等的，而随着你对他不断出轨的无底限的包容，你们之间的不对等越来越严重，现在是严重失衡。

严重失衡的关系有很大的可能性会倾覆。

经常性地出轨却还能大言不惭地为自己找借口，并且没有任何收敛，看起来你似乎已经被他吃定了。他觉得你离不开他，因为你从一开始就默认了即便他不爱你，他把你当作前女友的替身你都要跟他在一起，他还有什么不能做的呢？

你觉得继续下去的话你将面临什么？

你终于想到要离开了，想必这段关系你也觉得无法再忍下去了，再忍下去的后果是什么？

被第三者威胁？他把外面的人直接带回家里？就算没有这些，你在现在的婚姻中感觉幸福吗？

你不知道你该不该离开他，首先要明白他对你的意义是什么，比如他能满足你的哪些需求？是爱情，还是别的？

看起来你对他挺满意的，因为你说他"除了出轨什么都好"。他长得帅，可以满足你的虚荣心，而且多金，可以提供给你优渥的经济基础，这在别人眼里可是妥妥的"完美老公"人设啊。

所以离开他对你而言会失去什么？

一是失去炫耀的资本。他长得帅，带出去自己面子上有光。

可是如果别人知道他经常出轨，对你来说他还是不是你可以炫耀的一个资本呢？

而且，关键的是，如果你自己内心丰盈，就不会需要别人的羡慕来满足你的虚荣心，对吗？表面光鲜暗中哭泣的生活是你想要的吗？

二是你会失去优渥的经济条件。这一点可能是最现实也是最重要的。

有可能你离开他以后，本来住别墅现在却不得不租住地下室了；本来背名牌包，现在却不得不背不知名品牌的包包了；本来每天可以吃燕窝，现在却只能每天粗茶淡饭了。

古人说，"从简入奢易，从奢入简难"，习惯了优越的生活，怎么可能轻易地让自己一夜回到解放前呢？

可能你还爱着他，从一开始就对这份不对等的爱心知肚明，一直装糊涂装到现在。

萌生退意，有可能是因为你觉得单方面的爱实在太累，而且终有一天你可能会装不下去。因为即使你愿意装，对方却还不一定给你装的机会。

有一位妻子为了面子，总是在外面粉饰太平。她甚至总在朋友圈里大秀恩爱，假装第三者完全不存在，完全不顾第三者也在朋友圈里大大方方地和她老公秀恩爱。

终于有一天，老公跟她提出了离婚，连装的机会都不给她了，她瞬间就崩溃了。

现在你也面临这样的问题，在这样一份不对等的关系里，你在犹豫着要不要离开的时候可曾想过，也许对方有一天会直接宣告结束你们的关系，完全不给你犹豫的机会呢？

所以，不管你现在要不要离开，还是做好离开的打算最安全。起码，你在"被离开"的时候不会直接崩溃，而是优雅地转身。

女人，在任何时候都要有单身的能力。

你现在还在犹豫，也许你还不敢，也许你还没有单身的能力。

如何让自己具备单身的能力？

财富问题

经济基础决定上层建筑，经济独立也是精神独立的前提和基础。

从现在开始，为你日后独自带娃的生活做好准备。不管你能否离得开他，早做准备还是没错的，拥有赚钱的能力总没坏处。可如果你没做好准备，万一有一天他把你扫地出门了，你该怎么办呢？

你可能会说，我没有赚钱的能力怎么办？的确，生活不是影视剧，逆袭的罗子君毕竟是少数。但问题是，生活也不会因为你没有赚钱的能力就同情你，你老公也不会因为你没有赚钱能力而同情你、善待你、对你好。

努力总比等待强，对吧？

一定要爱自己、靠自己，而不是依赖别人

你老公为什么敢明目张胆地出轨？因为他吃定了你不敢离开他。你心甘情愿地做他前女友的替身，你在他出轨根本改不了的情况下还执意为他生了孩子，这些都让他觉得你软弱可欺。因为这些都足以表明你根本不爱自己。

一个爱自己的人不可能在一段极不对等的关系里还跟对方结婚，在对方践踏自己的尊严的时候还为他生孩子。

你连自己都不爱，你还指望谁能爱你呢？

一个人只有真正爱自己，觉得自己值得被爱，才会对自己有信心，敢于一个人面对生活，而不是在一段极度失衡的关系里失去自我、任对方践踏。

好的关系，"平衡"永远是基础，势均力敌、相互支持、相互滋养的关系才能更加持久。

被出轨后，最深的痛苦到底是什么？

文 / 诸神的恩宠

01

电影《谁先爱上他的》是 2018 年台湾电影中的一匹黑马。

上映三天，台湾地区的票房就超过七百四十七万台币，打破欧美日韩片的垄断地位；并在金马奖中拿下八项提名，包括最佳剧情片、男女主角、新导演、新人奖等。

电影讲了这样一个故事。

妻子刘三莲，十几年来为了家庭不断付出，在丈夫死后发现保险金的受益人不是自己和儿子，而是丈夫的同性恋人。

这挑战了一切她所信任的、所爱的，甚至她的整个世界都几乎被摧毁。

刘三莲作为一个妻子曾经幸福过。

在十几年的婚姻中，曾有过很多温暖的时刻，他们在同一个屋檐下生活，见证一个新生命的诞生与成长，他们见证过彼此的生命。

她曾以为彼此相爱，曾以为婚姻幸福，曾以为人生美满。

可丈夫却在患上癌症后，决定要做自己。他坚决地离开了家，搬到了恋人的家中。

一切都太突然了，这十几年，自己的付出，一直以来坚信的世界，都轰然崩塌。

遭遇背叛，她自卑、愤怒、茫然、憎恨。刘三莲带着淹没而来的情绪，就这样站在废墟中，歇斯底里地努力捡起那些碎片，试图再次拼凑出生活原本的样子。

她努力地想要把那些还剩下的，都放在手中握紧。她告诉自己，这一次，一定要好好地握紧。这一次，一定不能再失去了。

比如房间，一切都必须是整洁有序的。

比如健康，只能吃有机蔬菜。

比如儿子，一定要学习优秀，一切都要被自己所了解。

可是，生活从不会因为人的脆弱而变得柔软一些。

因为，她内心的世界已然毁灭，那个世界曾经以爱为基石、以婚姻为框架，在十几年的婚姻生活中建起了无数的高楼大厦。

当作为基石的爱，不再可信；当作为框架的婚姻，不再牢固。她的生活中，还有什么是可信、是安全的呢？没有了。

所以，不论多么努力地想要抓紧，多么努力地想要控制些什么，多么努力地想要重建些什么，都是徒劳。

当一切都走到崩溃边缘，这个可怜的妻子才能小心翼翼地问："可不可以告诉我，全都是假的吗？没有一点爱吗？一点点，都没有吗？"这个问题曾一遍遍地折磨她、摧毁她。

这就是每一个遭遇背叛的人都不得不面对的问题："你爱我吗？你还爱我吗？你爱过我吗？"

02

遭遇背叛，面对出轨，人们会下意识地做很多事情。

会愤怒，会争吵，会变得小心翼翼，也会变得歇斯底里；会疯狂地寻找对方出轨的蛛丝马迹，也会一遍遍地回想过去的相处。

这一切混乱的情绪和行为，其实是在反复地询问：

你还爱我吗？

你还爱我吗？

你还爱我吗？

有时是小心翼翼地问。比如说，你已经知道他出轨了，却不敢提，更不知道该怎么提。你可能在吃晚饭的时候，装作什么都没有发生，只是多问了几句："今天怎么样？""最近工作很忙吗？"

有时是歇斯底里地问。比如说，你无意间看见老公在微信上的聊天记录，发现他出轨。你要知道事情所有的来龙去脉，不放过任何蛛丝马迹。他们之间的一句"晚安"，一句"想你"，都可能在某个瞬间，引爆你的情绪，让你们陷入不断的争吵。

可是，要怎么样，才能知道关于这个问题的答案呢？

要反反复复地体验过多少愤怒、憎恨、痛苦、绝望和崩溃，才能再次看到希望和爱呢？

要怎么样，才能再次真的确信，他还爱你呢？

是控制吗？如果他每天向你汇报行程，愿意把手机给你查。你清楚他的一切动态，你就能再次信任他，再次相信爱了吗？

是陪伴吗？如果他每天早早回家，有时为你做一顿好饭，有时一起去看场电影，你就能再次信任他，再次相信爱了吗？

是承诺吗？如果他对你说，我爱你，我一直都只爱你一个人。如果他对你说，再也不会发生这样的事情了。你就能再次信任他，再次相信爱了吗？

不会的。

你会发现，那些他和另一个人说过的话、做过的事，在你的脑海中反复播放，让你不断怀疑，不断地再次提出这个问题，你还爱我吗？

再次信任，再次相信爱，真的好难。

因为这个问题，一方面是在询问对方；另一方面，也是你不断地在问自己。

我值得被爱吗？

03

有时候我们需要意识到，被出轨、被背叛、被抛弃，给我们带来的巨大的痛苦，很大一部分源于我们自身的空虚感。

并且这种撕心裂肺的空虚感，不是因为他的背叛，而是因为你不自爱。

想象一下，如果你是一个水槽。

如果你的水槽里什么也没有，这时候，一个人出现在水槽旁，给你的水槽里装满了水，你一定会感受到巨大的感动和强烈的爱。

但同时，水槽中的水，随着对方的一举一动而起伏变化，甚至大幅涨落。你会极度地不安，极度地渴望依赖对方。

以至于，当他不再往水槽中倒水，你就什么都没有了，你的整个世界就崩塌了。

出轨、背叛，是一个疼痛的提醒。

它用如此残忍的方式让你不得不看到，真的没有人可以给你完全的爱，真的没有人可以给你坚不可摧的爱，真的没有人能够帮你填满你的那颗心。

它也用如此残忍的方式让你不得不看到，那水槽是那么空，你的内心是那么贫瘠。除了期待别人给你爱，你真的没有为那贫瘠做过什么。

这种方式的残忍之处，在于你真的很难再次相信爱，很难再次信任别人。

你站在那空空如也的水槽旁，一遍遍问，你还爱我吗？可你真的很难相信了。所以你又只好一遍遍地问自己，我值得被爱吗？

你一定从内心深处，对你是否值得被爱，充满怀疑。但是希望你相信，你值得被爱，你真的值得被爱。

只是，你得先学着爱自己。如果现在，你无法做到，你可以学着假装已经做到了。如果现在，你无法说服自己你值得被爱，你可以先假装你已经懂得了。

这听起来可能有点陈词滥调，但是学会爱自己是你再次通往爱的唯一路径。

就像《心的重建》中所说：没有必要让谁成为你爱的源泉，也没有必要让谁拿着开启真爱之路的钥匙找到你。真爱就在你心里，由你有意识或者无意识地决定是否允许自己走向它。爱就在你心里，时刻等待着你去发现它。其他人只是让你记起那份早已存在于内心的爱。

04

影片最后，刘三莲重新找回了生活，也找回了爱。

如果你正深陷痛苦，无法自拔，希望你能学着照顾自己，重新开始爱自己。

可能现在这样说，处于愤怒中的你很难理解。但就像影片讲述的故事，如果一段感情中，在某一瞬间，你体验到了爱，那就是真爱。

真爱不会因为愤怒消失，不会因为憎恨消失，也不会因为背叛消失。给你们带来伤痛的任何事，最终都会消逝在这份爱里。

或许，几年后，你们还在继续经营着一段更加美好的婚姻。

也或许，几年后，已经离婚的你们再次相遇，意识到一切不愉快都已过去。可能，你会怀念他，会感激他，因为他曾是你生命中重要的一部分。

到那时，你会意识到，爱是永恒的，而且一直在你的心中。

男人出轨回归后拒绝沟通？你需要学会这三件事

文 / 凡一

问：

老公出轨回归后，和我暂时分居。他的脾气变得像孩子一样，一有情绪就把我的微信拉入黑名单。

婆婆一直站在我这边，母子俩经常为他出轨的话题吵架。他发微信给婆婆，说知道自己做错了，认为我们只有分开了才不会因为出轨的事情一直吵下去。

我知道他对我有愧疚，和我在一起感觉很压抑，我也在慢慢调整。

暑假小孩在家，他每天都会回家吃饭，有空陪孩子，我们见面的机会多了，他说话的口气明显有好转。但他还不愿意回来住，像他这样，我们要怎么相处和沟通？

答：

可以看到，你很想和他和好如初。只是，你对他出轨这件事还是有些介怀。

他是犯错方，虽然认错了，但看起来他也有很大的情绪，不想面对你。一点儿不如意就拒绝跟你沟通。

所以，要修复关系，要先处理好情绪。

觉察并调整情绪

情绪是非常容易互相感染的。你的情绪很容易引发他的情绪。

如果你比较平静，也会影响他，让他能好好地表达自己。当你愤怒、委屈时，他也会无意识地被你的愤怒和委屈触动，导致你们没办法好好沟通。

他现在愿意回家吃饭、陪孩子。你要利用这个机会，让自己放松、平静下来，之后，再尝试跟他沟通。

他感受到你们关系的转变，就可能会回来住。所以，你首先要觉察：你自己的情绪是怎样的？

觉察情绪并不意味着压抑自己，不必要求自己一定要平静、放松、释然。

你首先要倾听自己。如果你的内在是愤怒的、委屈的，你要允许这个愤怒和委屈表达出来。

你可以找一个适合的朋友或者信赖的长辈谈一谈。

你也可以找一个独处的时间，允许自己尽情发泄，哭也好、砸枕头也好，让堵在身体里的情绪释放出来。

或者是尝试把头脑中所有的念头都写下来，想到什么就写什么。或许不连贯，或许不成文，都没有关系。重要的是顺着笔尖的流动，让所有相关的思绪都清晰地呈现在你眼前。当这些思绪都在你眼前的时候，你就会有效地将其转化、整合。

之后，你可以去做一些关爱自己的事。比如，去旅行，或者去买一些自己喜欢的东西，能够把自己暂时从这件事情中抽离出来。做一些之前想为自己做，但一直都没有来得及抽身去做的事。

身心得到关爱，情绪会自然释放。有的时候，在事情没有彻底解决之前，人们总是容易让自己陷入其中难以抽身。如果这个时候能让自己从中短暂抽离，投入其他的事情，对问题解决会非常有效。

明确边界

其次，不要让婆婆在这件事上和他频繁争吵。这是你和他的事，是你们两个人需要面对的。

利用婆婆的力量迫使他认错，很可能引起他情绪上更大的对抗。这对改善你们的关系是极为不利的。

你可以尝试跟他说，我跟你的这件事让妈妈很费心，很感谢妈妈对我的关心和支持，但是，这终究是我和你的事，我已经跟妈妈沟通好，这件事我们两个人自己处理，一起修复。

这样明确的态度，有利于让他直面这件事，也让他在这件事情上和你站在一起。

他拉黑你的微信，说明你们之间还是有一些交流和互动的。这个阶段的交流和互动，要避免总是在出轨这件事上说来说去。

彼此都在情绪中，带着情绪说，很容易谈崩。这个阶段，可以说说其他与出轨无关的事。

你想恢复关系，有一个关键点是彼此之间的爱意。在目前这个阶段，感受曾经有过的爱意非常重要。

　　明确你的目标：想要恢复关系。在这个目标的带领下，让自己一点点回想过往的爱意，重新体验他吸引你的、让你放不下的感受。

　　当充满爱的感受在你的身体里，你再跟他沟通，彼此的感受都会更好。

　　最后，当彼此情绪平静时，再对出轨的根源以及彼此如何修复关系做探讨，才会有比较好的效果。

女人出轨了，男人不原谅，怎么办？

文 / 孙常宁

01

只要是出轨，不论男女，必然给关系带来重创。

女性出轨，较多是情感因素，也常常走心，因此对于男方来讲，这是一个里子面子都失去的过程，痛苦是必然的。

尤其是原来比较乖顺、传统的女性出轨，对男方来讲，打击更大，他将很难相信对方对自己还有情分。这时表达不原谅，对他来讲是保护自己的做法。

出于自我保护，男方通常会以拒绝接纳的方式来处理。不论出轨的原因是什么，男生都判断自己是一个失败者，男性自尊会使他不愿意与证明他失败的人在一起，这会让他很痛苦。

这个痛苦会让被出轨的男性的内在变得很脆弱，而男性一般是不太能接受自己的脆弱的，同时他又知道自己的痛苦无法掩饰，所以只能以拒绝原谅来帮助自己。

可是女性在关系里多数是依赖的。如果被发现后选择了回归，那么就会很想依赖男性的原谅，比较难以接受对方一直不能原谅自己的事实，所以常常会过度连接，反而给对方的感觉是你看不到对我造成的伤痛，因此更加拒绝。

但是，我们在工作中发现，有些女性出轨者既然选择了出轨就不打算再回头，也不指望男性的原谅，结果反而令部分男性犹豫、不舍、挽回。

这种现象反映了人性的特点，你越是放低姿态，有时你越不能得到你想要的关系。

02

如果你是出轨的女性，而你想要挽回这段被你伤害的关系，那么你必须要做到以下几点：

一、坦然地承认错误，并致以真诚的歉意。

重要的是，你要知道这个认错与道歉可能需要很多次，要做好心理准备。在对方每一次指责时都先坦然承认并道歉是起码要做的事情。不要以为你道过歉你就不再需要做这件事了，事实上受伤者的痛苦是非常强烈的，如果你看不到他的痛苦，不理解他的痛苦，他就没办法再与你建立安全的连接。

二、明确表达自己有错在先，因此接受对方的任何决定。

对于受伤的一方来讲，他是被动受伤，失去了保护自己的掌控权，这是很可怕的。因此，你尊重对方对未来、对关系的决定是一种授权给对方的行为，让他恢复可以掌控的感觉，当他觉得他有足够的掌控时，他才有可能愿意与你交流。

三、放弃自我辩护，尤其不要在对方情绪强烈时进行自我辩护，更不能指责对方做得不好所以导致自己出轨。

关系里当然双方都有责任，但是在自己迈出了可能带来关系毁灭的那一步后，再来清算出轨前的恩怨就有点过分了。因为对方很难接受你的做法，在他看来，你已经犯下了更严重的错误，你已经失去了指责他的权利。

当你为自己辩护时，对方的痛苦会比知道你出轨时更加强烈，因为他更加深刻地体会到你对他的伤痛的低估与不在意。

四、去做你现在可以做的事情。

当对方拒绝原谅时，先去做那些对方需要、你们的关系需要的事情。至少让他看到你现在正在投入你们彼此的生活，并且你可以表达，不管他怎样，你都会努力经营，这样投入的态度有时可以唤起对方内心的柔软。

五、认真倾听对方的痛苦表达，认真观察对方的挣扎。用心去理解对方的痛苦，当对方觉得你懂得了他的痛苦，他才有可能愿意理解你。

六、尽可能地公开自己的行动，给对方一些信心。是你破坏了他的信心，所以你要做更多的事来看是否可以将其重建。

七、真诚地表达自己当下的感受，但不要过于卑微。你越是不敢表达你当下的真实感受，对方越觉得你在进行隐瞒。你可以在倾听过他的感受后，在你道歉后，坦然地表达自己当下的感受。包括你当下的痛苦与挣扎，也包括你所感觉到的不公平。

八、传递你想挽回的信念，重点是传递。你要以全新的方式投入关系里面来，你现在对自己有更深入的了解，因此你不同于那个出轨时脆弱的自己，你现在更加笃定自己在做什么。

传递坚定的想要挽回的信念，而不表现得非常软弱，渴望对方的原谅，这一点是很重要的。尽管他是一个男性，可是受伤了一样是没有力量再来引领关系了，所以有一个人信心坚决，可能会给关系带来转机。

九、明确表达你会坚持到一个期限，在这个期限里你保持坚定不动摇。不管对方态度如何，你都耐心倾听，勇于认错，致以歉意，表达尊重，坚持努力。当你这边一切稳定时，对方也会慢慢从情绪里冷静下来。

做错了事情，本来就不一定会得到原谅，但是如果你把你能做的都做了，尽心尽力之后，你将可以原谅你自己，这个努力的过程也是你不断成长的过程，它将使你遇到更好的自己。

因上努力，果上随缘。坦然坦荡，关心关注。给自己一个努力的机会，给对方一个学会原谅的可能。

三人行婚姻，要不要拖死第三者？

文 / 王莹

老公希望我和第三者"共存"，我是该拖死第三者还是转身离开？这是我的来访者依玲来咨询的原因。

一走了之？不甘心。老公在我的辅助之下，事业刚刚有点收益，这么一走，白白便宜了第三者。

忍着不走，拖死第三者？面对一个出轨的老公，我像吃了一口苍蝇一样，给自己添堵。

我到底要怎么办？她问。

遭遇另一半出轨的情况，很多人都希望自己能做出最好的选择，但实际上，你必须要知道，基本上没有十全十美的选择。

每一条路，都代表着一些丧失，并且都会有一些不太能把控的风险。

在这个过程中，当你看到了可选的路，你需要做一个利弊分析。

1. 先把每一种选择都列出来。

2. 做一个选择，选那个你最能接受的。

3. 选对你的自我成长最有利的那个。

什么叫对自我成长有利呢？

是指你能够在这个选择之后，慢慢掌握生活的主动权，能够找回自己的力量，让自己幸福。

虽然现在会痛苦一些，可这个痛苦也是促进你成长的必然要素。

根据这两个原则，我们再来看看依玲的问题。

她似乎有两条路可选：一个是转身离开，一个是拖死第三者。

如果让你来选，若你选后者，你要搞清楚一件事情——在拖死第三者之前，会不会先拖死自己？

在一个"三人行"的婚姻里，老公跟你只有亲情没有爱情，你在婚姻里只是一个孩子的照看者，一个一家老小的连接者，一个生活起居的服务者。

如果你确实也不太需要情感上的连接，只是不想放手。虽然在这样的婚姻中得不到多少关爱，可你活得也挺自在，你有很多精力能拖过第三者，那你可以这么选。

但如果在拖的过程中，你非常痛苦，完全无法放下对第三者和老公的关注。另一边还要做很多已经不愿意再去管的一些事务，我只能说，可能第三者会拖死你。

所以你要评估好，你有没有能力去拖死第三者。前提是你拖的过程中不难受。

如果选择前者，你需要检查——你有没有离开的能力。

检查可以分为四个维度。

维度一　在不依赖任何人的时候，你能否照顾好自己

大部分被出轨的女性都有这个本事。因为，结了婚之后为了家庭，女人们早已练就了照顾人的十八般本领。

维度二　经济上是不是独立

离开后，你能否维持自己的生计，让自己的生活水平不至于下降太多，甚至有改善。

这个能力，你是不是具备，是一个很现实的问题。

维度三　情感的独立性

如果你真的选择了拖第三者，那你一定要记住一点，就是绝不能天天看着第三者和老公。你要做的唯一的事情就是，他们两个在一起时，很好地照顾自己的情绪和感受。

这一点在拖第三者的时候要练，转身离开的时候更要评估自己是否具备。

维度四　有没有限制性观念

有些人脑子里有一些牢不可破的观念。比如，家必须是完整的，离婚影响孩子一生；我的父母太脆弱，接受不了离婚的事实；离婚后，我怕别人都认为我是个失败者。

如果这些观念不突破，你就很难做到转身离开。转身离开看似轻松，但你的内心始终带着一把沉重的锁，离开了，也会被愧疚拖垮。

如果对这两条路都做了评估后，你发现自己可能两条路都走不下去，那么，也许你需要在这种僵局中再练练自己的劲儿。

依玲的案例中，她说到自己老公时也非常痛苦，她感觉老公也不愿意做"坏人"。

他既不愿意破坏家庭，也不愿意在第三者那里做一个遗弃者。

这是一种披着善良外衣的恶，正是因为他的不作为，让家庭承受着这样的痛苦。为了自己心安，他选择让最亲近的人受苦。

面对这样的男人，我们需要区别清楚，这个痛苦是他的，不是你的，你只需要为你自己的痛苦负责。

不管怎么选，大方向只有一个，就是培养自己分离的能力，让自己拥有选择权、自主权和幸福权。

并不是说，有了分离的能力就一定要离婚，而是当有了分离的能力，你才有选择的余地。

被出轨的我，是如何在三天内做出离婚的决定

文 / 江夏

谁能想到，一向优柔寡断的我，发现老公出轨后，三天内做出了离婚的决定。在这背后，有多少徘徊和艰辛，也只有我自己知道。

离婚的路比想象中艰难，但大部分时间却比从前快乐

三个月过去了，离婚的路比想象中艰难。我独自照顾尚未入园的儿子，努力兼职赚钱。

这个男人不仅没有因为出轨表达任何歉意，反而在法庭上否认事实。他多次威胁我的家人，去我兼职的公司闹让我失去工作，企图以此逼我继续留在婚姻中委曲求全。

但我从未后悔过，偶尔我也会有些失落，大部分时间却比从前快乐。

我重新梳理了自己的职业规划，开始一点点行动，认真计划自己和儿子今后的生活，有条不紊地开始安排。

盘点了手里的现金，测算了收入后，我权衡利弊，放弃了让儿子在学年最后一个月入园的打算，决定再陪伴他三个月。同时，我在等

待二次起诉。

每天陪伴儿子早早入睡，凌晨四点多起床处理兼职工作。这三个月的收入只能勉强维持生活，但我也不再焦虑。

大部分时间，我发自内心地和儿子笑着闹着，在他撒泼哭闹时，也能泰然处之。

三天就离婚？我用了三年时间挣扎

三天就离婚，好像显得我是个很超脱和强大的人。

其实过去的三年，我无数次在深夜流泪。对方的每一次冷漠，都让我感觉自己像一个被抛弃的孩子。

我想逃离这无回应的绝境，可看着身边孩子熟睡中安详的面孔，又恐惧自己无法给他好的生活，不忍心让他年纪这么小就失去父亲。第二天我就继续陷在日常琐碎中，试图忘记自己的需求。

是的，我其实不是在三天之内做出了离婚的决定，而是用了差不多三年的时间。三年的挣扎和纠结。

这三年，我一个人照顾孩子的饮食起居，并努力给他一个情绪稳定的妈妈；我努力去理解老公的不容易，给他更多的空间；我开始写作，学习心理学，试图寻找答案并努力安慰自己。

或许，在发现老公出轨之前我已经对这段婚姻基本失望，而出轨不过是压垮骆驼的最后一根稻草。

出轨是一面镜子，让我无处可逃，不能再自欺欺人，把婚姻的真相赤裸裸地摊在我的面前。

而这个男人在被发现出轨后的一系列反应，帮助我下了最后的一点决心。一句话总结是，这个男人并不想失去婚姻的躯壳和利益，却完全没有意愿和诚意去解决婚姻中的问题。

三天后，我开始着手准备起诉离婚事宜。

老公出轨后该怎么办?

结合自身经验，我认为被出轨后做决定的基础，首先是对婚姻与自我有客观全面的认识，在此基础上再从自身和伴侣两方面来评估是否选择离婚。

首先从自身出发，问自己几个问题：

对方身上当初吸引你走进这段婚姻的特质是什么？你们婚姻中那些曾经让你感觉幸福的美好因素是什么？这些东西是否依然存在？

你是否还在爱着对方？

闭上眼睛想象一下失去对方的生活，你和孩子的生活将会有什么不同？

你有意愿和能力去解决你们婚姻中存在的问题吗？

然后再去评估伴侣的情况：

你的伴侣是第一次出轨吗？他是否是个值得信赖的人，在其他事情上你还能信任他吗？

你的伴侣是否有意愿去修复婚姻，解决你们之间的问题？

你的伴侣能否理解你的痛苦，是否愿意负起责任帮你缓解痛苦，共同渡过难关？

或许，上面所有的问题你并不能在第一时间内全部找到答案。那么不要着急，多给自己一些时间。

但是沿着这个脉络去思考，你会逐渐清晰地看到你的目标，以及达成目标的难度，从而做出最终的决定。

我为什么选择离婚?

恋爱时我们曾分手过,我每天惶恐不安,陷入巨大的焦虑。虽然那时候我有一份不错的工作,年轻漂亮。

但因为没有内心力量的支撑,我根本无力应对分手的打击,在对方要求复合时,不顾一切地回头,迅速走进婚姻。

我之所以一直陷在这段委曲求全的感情中,是因为青春期的创伤性事件带来的自卑。

而现在,专业学习和自我探索让我看到人生中更多的可能性,加上创伤修复后自信的增强,我不再那么焦虑未来。

在做了三年的全职妈妈之后,我独自带着年幼的孩子,起诉离婚,内心变得笃定,不再恐惧。

我没有办法在无爱的婚姻里持续忍耐,而对方既没有修复的能力,也没有意愿。

我坦然接受了自己的一切现状。虽然被伤害,但因为看到对方的艰难和软弱,我很愤怒,却不会怨恨。

在现在的我看来,我的婚姻可能一开始就是一个错误。所以我也想过,如果当初能在生孩子前结束,我离婚后的生活是否会更轻松,更容易重新开始。

但是我也将无法甘心,也不会有今天的坦然。孩子是一面镜子,他帮助我完成了这条自我成长之路。独自带孩子,是一个母亲的责任,也是我前行的力量之一。

出轨后要修复婚姻？给你两点忠告

而那些选择修复婚姻的人，依然要每天面对那个曾经伤害过自己的人。在此分享两点忠告：

第一，跳出"受害人"思维。

每一次伤害，都是一次成长的机会。而只有你成长了，明天才能和今天不一样。一味沉浸在受伤情绪里的人，最终会被自己害惨。

第二，学会疏导情绪，找朋友倾诉、写日记、找专业心理咨询师都可以。

坦诚地和对方沟通，告诉他怎样做才能帮助你。试着坦露你的脆弱，也试着理解对方的脆弱。如果你们能真的彼此谅解和宽恕，拥抱对方的脆弱，劫后重生的婚姻会更加稳固。遭遇伤害，最好的反击是自我的成长。

所有的出轨，都是男女合谋

文 / 时敬国

现在人们都有这样的感觉，一是这个时代的男人，特别容易出轨；二是男人出轨的比例，要比女人高得多。

男人出轨是需要条件的。有钱，还得有时间。不过，光这些似乎还不够，还缺了特别重要的一项：出轨对象。

那么男人究竟和谁去出轨了呢？

要讨论这个问题，我们就要去看看，男人的出轨对象，到底是哪几类女性——

婚内出轨的小 A：婚姻不幸福，想要被爱的感觉

当年，小 A 非要和丈夫结婚的时候，父母并不同意。因为丈夫是农村考出来的孩子，两人家境悬殊，父母担心两人婚后相处可能会出现一些问题。但小 A 觉得，丈夫很有才华，长相也还不错，当然最重要的是，丈夫很浪漫，总是能给自己一些惊喜。

不过，结婚之后，小 A 才发现，老公的才华无非就是文件写得更好些，朋友圈发得更脱俗些。

但是在工作中，老公却表现得平平无奇，与领导的关系处得不怎么好，而且格局也不大。所以，他在单位并没有发展得很好，升职总是没有他，每个月四五千块钱，刚够还房贷的。

小 A 要想用点好化妆品，买个好包包，还得靠自己努力赚钱。但老公似乎并不在意，每天按时下班，晚饭后带带孩子，打打游戏，小日子过得似乎还挺满意。

而且，以前的浪漫，也不见了，老公说："最大的浪漫，就是过几十年的小日子。"

小 A 一方面对老公不满意，另一方面感受不到被爱，然而她仍然怀着少女心，渴望浪漫，渴望关注。所以后来她就和一个非常上进、充满激情的客户在一起了。

对方也是一个已婚男，夫妻关系冷淡。但是，和小 A 在一起时，对方却是一个非常有担当的男人。这让小 A 更加觉得，自己的老公实在不合自己的心意。

"为了孩子，我也不打算离婚。但是，我需要爱，所以，我需要和他在一起。我也知道，这样很危险，但是，我也顾不了那么多了。"

小 A 这种婚内出轨的女性，算是和那个出轨的男人相互需要，彼此配合。这种类型虽然越来越多，但相比于婚内出轨的男性，还是要少很多。

这类女性，像小孩子贪恋糖果一样，贪恋被爱的感觉。只要有机会获得这种爱，往往不惜铤而走险。

一旦被发现，后果往往很严重，而社会对这种婚内出轨的女性，包容度并不高。

离异后的小 B：我越来越想取代他的妻子

小 B 在发现老公出轨之后，坚决地和他离婚了。

刚刚离婚的女性，往往处于内心比较脆弱的时期，这时若有男人对她好一些、关心一些，便很容易获得她的好感。小 B 也是如此，开始的时候，她也并没有多想。对方愿意给自己一些关爱，愿意偶尔送点礼物，这让她感觉很贴心。

但慢慢地，小 B 发现，对方在节假日的时候，还是会更多考虑家庭。偶尔看到对方在朋友圈里发和家人一起的小日子，她心里就产生了很多不平衡。凭什么你在家享受天伦之乐，到我这里还能享受温柔？而我在别人幸福的时候，只能一个人？

于是，她开始更多地给他打电话，让他每天跟自己说晚安，周末让对方更多陪自己，开始问对方什么时候离婚……对方开始支支吾吾——直到对方的妻子发现了这段关系。

对方的妻子虽然并不想放弃，但显然也没有控制好自己的情绪，给男人制造了很多痛苦。最终男人近乎净身出户，离了婚。小 B 就和对方在一起了。

小 B 这类单身、内心仍然渴望婚姻的第三者，对于出轨男人的婚姻破坏力是最大的。

一开始的时候，对方往往不表现出自己的这种需求，非常克制。但随着关系的发展，她的要求会越来越多，处处和对方的妻子做比较。最终，这段关系一定会被对方的妻子发现，让男人做出艰难的选择。

大龄单身的小 C：让有钱人为自己买单，是一种瘾

小 C 从小就见证了自己父母的悲剧婚姻，也很少从父母那里感受到温暖。所以，她从不相信婚姻，也不相信男人。相比之下，她更相信男人愿意给她的物质条件。

小 C 从小就是美女胚子，身边一直都不缺少男性的追求。但是，她对这些追求，一直保持怀疑。

"哪些男人是爱我的皮囊？哪些男人是爱我的灵魂？——我分不清，也懒得去辨别。那种发自内心的爱，或许会偶尔出现，但绝对不会长久。所以，我更愿意接受，那些为我付出更多物质的人。毕竟，这些人坦荡，不会白占我的便宜。"

小 C 换过几次男朋友，都是有妇之夫。这些人都是成功人士，不在乎在小 C 身上花钱。但小 C 也从来不在他们面前放下高冷的姿态。

或许，正是这种高冷，吸引着那些有钱的男人，也让他们更想征服这个桀骜不驯的女孩子，其中最直接的方式，就是给她买房、买车，送大量的现金。

但是，这并没有让小 C 更相信男人。她从来没想过要取代这些男人的妻子，因为她清楚地看到，那些男人背着妻子干了些什么。她不愿意成为那个要么被欺骗，要么装糊涂的可悲角色。

小 C 这种不在乎自己是不是第三者也不在乎名分的女性，是很多有钱男人心仪的"猎物"。这些男人并不想破坏自己的婚姻。一方面这些男人往往家大业大，离婚将会带来很大损失；另一方面，这些男人多数也是大男子主义很强的男人，虽然想多占有女性，但并不想破坏自己的家庭。他们渴望的是，家庭完整，享受世俗的成功，同时金屋藏娇，享受温柔。

随着人们的经济条件越来越好，这种婚内出轨的男人越来越多，而这类不在乎名分的单身女性第三者，也越来越多。所以，这种组合会越来越多地冲击有钱人的婚姻。

所有出轨，都是男女合谋

从上面几种情况来看，男人婚内出轨的对象，只有一小部分是婚内的女性。所以，男人婚内出轨的比例要多于女性，这种结论并没有错。

但是，与此相随的另外一个事实是，有更多的女性第三者，自己单身，却选择通过满足男人的欲望的方式，去获取男人的财富、关心。

这些女性，与男人合谋婚内出轨，严重伤害了婚姻中无辜的妻子。

那么，当我们知道是谁正在挖自己婚姻的墙脚，我们有什么可以做的吗？

1. 首先，你要谨慎地选择结婚伴侣，并且确保自己可以承担选择的后果。在你选择伴侣的时候，当你把对方的社会地位、财富情况作为重要选项的时候，你当时就要知道，这意味着以后自己要面对更大的被挖墙脚的风险。

2. 那些奔着要取代妻子的出轨对象如果能得手，那首先你要知道有一个原因可能是，你的婚姻质量本身就不高。

当一个家庭支离破碎，很大程度上男人会对婚姻失望，当男人不在乎这个家庭的责任和义务时，出轨的可能性就会变大。

3. 如果老公在事业上，一直还有调整的机会，要尽量让老公避免一些需要复杂人际关系、需要应酬的行业，因为男人结伴时变坏更容易。

有时候，不得不说，距离会不会产生美不确定，但夫妻产生距离，两地分居，或者经常出去应酬晚归，是伤害婚姻的一把利刃。

4. 其实妻子们变得更美，关注自身成长，在婚姻中也十分重要。

当然不是说要妻子们去整容、去塑形，而是说，要投资自己的内在和未来。要多接触外界，让自己保持鲜活，要多学习，让自己不落伍。

当夫妻两个人的精神世界处于同步状态，那么婚姻便会变得更加美好、稳固。

5. 自己要有独立的经济能力和较好的社会适应力，以此制衡老公。

所有的老公出轨前，都曾经默默评估过自己妻子的实力。就算再冲动，男人也会先掂量风险。所以，实力对比，决定着关系的平衡。

这已经是老生常谈了，要想保持自尊，只能靠实力。其他的，像什么承诺、责任、社会舆论等，都不靠谱。要想制衡老公，自己要努力。这个懒，偷不得。

为什么男人更容易出轨这类女人？

文 / 火小柴

曾有个视频，一位三十岁年轻貌美的女性，踩着高跟鞋，在路上打着电话。没过几分钟，她朝着手机大声吼道："我又不差！你发疯了！在外面找个老女人！"

隔着屏幕，我都能感受到她的痛苦和愤怒。在这些愤怒之下，是深深的困惑。

论长相，论能力，论性格，论感情，第三者哪里都不如我，凭什么老公要出轨她？

这些困惑又让很多人陷入自我否定。

然而，感情不像学习和工作。很多时候，你明明比别人优秀，还比别人努力，可就是得不到他的爱。

战胜第三者，就得先了解男人最容易找的情人，都有哪些类型。

破坏型女人

很多男人在面对妻子时温和，在面对孩子时和蔼，在面对朋友时大方，在面对同事时平易近人，但是，当他们面对自己时，却有点不认识自己了。

这就是在社会期待的重压之下戴上面具的中年男人。

他们是好儿子、好爸爸、好丈夫。他们事业有成，家庭和谐，却唯独不是他们自己。

他们的人生太完美了，反而一点意思都没有。

他们就非常需要一个疯狂的女人把他们的生活全部打碎。这种疯狂，让他们觉得自己好像能突破社会的期待，去做一些疯狂的事情，去成为新的自己。

这时候，充满破坏性的女人就跟完美型的男人一拍即合，成为情人。

弱者型女人

男人自古就有种拯救者的情结。

就是说，男人是英雄，女人是弱者。总有一天，他会踏着七彩祥云来拯救一个女人于水火之中。

这种弱者型的第三者很好理解，就是她的自我价值比较低。

一个人在内心中觉得自己的价值低，就会有两种行为方式，一种是破罐子破摔，另一种就是拼命努力，在其他方面找到价值感。

所以弱者型的女人分为两种。

一种是比较直观的，她们的经济状况较差，社会地位较低。比如说很多男上司出轨女下属。

另一种是社会交往中很难辨别的，她们往往事业有成，独立自主，而在情绪上的价值较低。

我的一个来访者就曾经是这样弱者型的女人。

谈起那段经历，她说："我也不知道他到底哪里好，外表普通，经济普通，甚至比我大十多岁。"

她沉默一会儿，继续说："可能他唯一的好，就是对我好。下雨了会给我送伞，生病了带我去医院，会陪我去吃好吃的。"

我不解："这样就是对你好吗？"

她苦笑："小时候爸妈工作忙，每次下雨别人都有人送伞，只有我淋着雨，往没人的家跑。所以有次下雨，他来给我送伞，那是我这辈子，离爱最近的时候吧。就冲着那一次送伞，我就愿意付出所有对他好。"

男人遇到这样弱者型的女人是非常有成就感的。

想一下，你给了别人一颗糖，她就觉得你是超人，觉得你哪哪都好。

再想一下，你是另一个人的全世界，她根本离不开你。你能拯救她，也能掌控她的命运。

所以，弱者型的女人能让男人获得巨大的成就感和掌控感。

他们看似玩的是干柴烈火般的爱情游戏，其实是在寻求一种付出与索取、控制与被控制的不平衡关系。

但关系不断失衡，就会走向破裂。

圣母型女人

什么样的第三者最可怕呢？

有这样一类女人，她们不抢、不闹、不折腾，什么都不图，她们永远支持着那个男人，给他足够的自由，让他做自己喜欢的事。

面对指责和谩骂，她们会这样说，我承认我就是个第三者，那又怎样？我没有害别人家破人亡的意思，更没有霸占别人老公的意思，我们只是各取所需。

这样的女人就是一段婚姻的终极核武器。

日本著名作家渡边淳一的《情人》中就描写了这样一个第三者。

她事业有成，年轻貌美，作为一个有家室的男人的情人，从不要求什么，只图开心。

而她想要的真的是开心吗？其实不然。

小说中，男人与老婆离婚，甚至为此丢了工作，去到她的家门口，向她求婚。而这个一向乖巧体贴的女人转身离开了他。

在这个女人的潜意识中，她求的不是开心，不是爱情，更不是婚姻，而是一种破坏。

她从小看着爸爸出轨，厌恶爸爸的同时，也讨厌妈妈的软弱。她无法相信爱情，更无法相信婚姻，她只是在这段经历中寻找没能得到过的父爱，并且对曾出轨的爸爸进行报复。

一个人想要什么，就为此付出，这是最让她安心的。

一个人没什么想要的，还为此背上骂名，这是最可怕的事。可怕之处在于，她不是真的不要，只不过是她要的太多了。

可这样的女人对"巨婴型"男人具有致命的吸引力。

什么是巨婴型男人呢？

我有一个男性朋友出轨半年，既不愿意离婚，也不想跟第三者分开。

我很不解，问他，第三者究竟哪里吸引你了。

他说，我跟第三者在一起的时候很幸福。

我再问，什么时候觉得幸福？

他想了很久，说有时候第三者精心为自己做了一顿饭，他就觉得特别开心。

我就更困惑了，你老婆不是在家天天都给你做饭？那你老婆做什么，你会觉得幸福？

他陷入沉默，想了很久，还是没有答案。

这就是第三类男人，他们出轨是为了追求幸福。但是，他们不知道幸福是什么，也不知道自己想要的究竟是什么。

他其实是处在一个婴儿的状态，我想要什么，我不知道，也没法表达。我只能哭，A 不给我，我就找 B 要，重点不在于是哪个人给，重点是"我就要爱"。

偶尔别人猜对了，他就觉得被爱了。但大部分时候，别人都猜不对，他就觉得不被爱了。

他追求的是一个无条件爱他、无条件为他付出、随时随刻都等待着他，愿意主动满足他任何要求的女人。

于是，圣母型第三者就是他们完美的选择。

男人最容易出轨哪一类女人？

归结起来，就是低自尊的女人，她们认为自己不够好，认为自己不值得被爱，认为自己不值得拥有美好的事物。

她们既容易吸引男人，也更容易成为一个情人。

而任何一个高自尊的女人，无论多么爱一个人，都无法接受把自己置于一个不堪的地步。

前文中那位弱者型来访者，在决定结束那段感情、重新开始的时候，说过一段话，我很喜欢。

她说，有的女人为了获取男人的欢心没有底线地讨好付出，有的女人为了占有一个男人没有原则地用尽手段。

可第三者也好，别人的妻子也罢。你这一辈子最大的追求，不应该是一个男人，更不该为了别人而丧失自己。

女人一生最重要的功课，是独立自尊，是学会爱自己，是把幸福的能力握在自己手里，而不是交给别人。

而任何关系，只有建立在这样的基础之上，才能经过时间与现实的考验，真正地让你幸福。

为什么男人一旦出了轨，就再也回不到从前？

文 / 孙常宁

先跟大家讲四个信任危机的故事。

【第一个故事】

姑娘告诉我说：她当初爱上现在的老公，是因为觉得他非常热情，带给她很多温暖。可是婚后，她却发现他好像对谁都特别好，这让她感觉很不舒服。

每次她和老公谈论这个问题时，老公的回复总是，你想多了。慢慢地，她发现，老公对外面的任何一个姑娘都比对她好，这让她很崩溃。

【第二个故事】

一个姑娘告诉我，今天有个女人加了她的微信，发给她很多微信图片。其中一张是女人靠着老公车子的照片，配文"我是来晒我的新车的"。而那辆车，竟然是她刚刚给老公买的。

看到照片，她整个人都僵在那里。在此之前，她从没发现老公出轨的任何迹象。她陷入纠结，是选择相信老公，还是去质问他？

【第三个故事】

一个姑娘说，老公出轨后回归了。他表现很好，也很努力，但他拒绝沟通出轨的事。每次跟他谈，他都会急："你有完没完了！"

双方父母都劝她赶紧翻篇儿，好好过日子。她也很想，但是她的心里没办法翻过去，她觉得老公不愿意谈就是心没有回归，和她之间还有距离，这让她很难亲近老公，也无法信任老公。他们的情感似乎很难回到彼此信任的时光。

【第四个故事】

还有个姑娘说，她最近才知道老公曾多次出轨，但他解释说，那只是逢场作戏，没想到妻子会这么痛苦，现在他知道错了，向她道歉，希望她能原谅他。

但姑娘觉得自己看错人了，他就是个渣男。虽然老公一再承诺，也积极和她交流，但不知道为什么，姑娘很难再去相信他。只要一有机会，她就会翻他的手机，寻找蛛丝马迹。他出差的时候，她更是忍不住拨打电话，盘问行踪。

尽管老公做到了很多约定的事情，但她还是会心慌。她知道这样不对，甚至都瞧不起自己，可是她真的很痛苦，控制不住自己的行为。

信任，就像一张纸，皱了，即使你把它抚平了，也恢复不了原样。

当我们在亲密关系中的信任受伤了，关系就开始变得剑拔弩张。两个人像在走钢丝，随意的一个动作都有可能成为引爆点。

作为情感咨询师，常常会有人说，老师，我觉得离开这段婚姻远比去修复信任要容易得多，我真的不想坚持了。

但身为咨询师，我很清楚，一个真正不想坚持的人，不会特意来告诉我这句话。一个真正决定要放弃修复信任的人，会告诉自己的咨询师："我真的想明白了，我觉得自己可以了，我不想再在他身上花更多时间了。"

婚姻中不一定到真正出轨才会遇到信任危机，第一个故事只是看似出轨，就已经让这段婚姻遭遇信任危机了。也许，它跟出轨根本就没有关系。

当我们在关系中似乎被背叛了、似乎被忽略了，我们会感觉吃惊、震撼，觉得很困惑、愤怒；我们会觉得很害怕，虽然不知道自己在害怕什么；我们会觉得自尊受伤了，好像自己变得不再是原来的自己了。

进而我们会发现，好像生活中处处埋满了信任危机的火药。我们随时都可能被刺激到，一点点小事就能让我们跳起来，变得很愤怒或者很伤心。

不论我们怎么努力，似乎这种痛苦都不会消减分毫。这让我们对未来没有信心。很多来访者在咨询中，经常会说："老师，我真的原谅他的那个行为了，但我也真的很难再次相信他了，我怎么觉得要重新信任他，好像比登天还难。"

当信任破裂，我们该如何修复受伤的信任？

第一步，先不要急着立刻修复信任。

正所谓欲速则不达，停下来，了解为什么我们不能再信任对方，对我们当下的关系做一个客观的评估，这一点非常重要。

信任修复是一件很难很难的事情。很多朋友在修复信任的过程中，时不时要难过一下、沮丧一下，时不时就要迟疑，各种负面情绪交替出现，这让我们感觉自己心里面有些最真实的东西死去了。

我们讲信任艰难，并不是要告诉大家不再修复信任，而是提醒大家：

1. 我们要意识到信任修复的难处，正视它。

2. 很多人的信任修复，迈出去的第一步是错误的，从错误开始的修复，结果可想而知。

婚姻咨询师和研究爱情婚姻的心理学家们发现，当我们被信任伤害时，我们一直都认为，当对方改变了，我们就能重获快乐与幸福。但从上面几个故事中你也能看出，真正的信任建立和修复，最根本的点在于我们的内心。

当我们遭遇伤害，遇到爱情或婚姻中的背叛，修复信任的第一步、也是最关键的一步，就是接纳我们自己的状态。

要善待你的悲伤，要警惕自己是不是一个阴谋论者，觉得好像别人都在害自己，自己是那个天底下最倒霉的人。

如果你有过这种想法，说明你还不能真正面对你的悲伤。一旦你把自己定义为受害者，你所有的愤怒、苦恼就都是应该的了，你就会忙着攻击、指责别人，不能耐下心来陪伴那个悲伤的自己。

当你能够留在悲伤中、沉浸在悲伤中，去同情那个受伤的自己，这实际上是留给自己一个成长的机会，带着怜悯之心去共情自己。

看到自己身上伤痕累累，看到自己的悲伤，开始学会照顾自己，鼓励自己，和自己的内心做最深层次的情感连接，你才会发现——原来我的内心是渴望爱的、渴望被肯定的、渴望被支持的。只有接受了自己的哀伤，善待受伤的自己，我们才会真正在痛苦中寻找到出路。

当你能接纳自己的状态时，你才能够忽视那些无关之人的看法。

因为刚刚遭遇信任危机的时候，你会非常敏感，觉得周围所有人好像都在笑话你，可怜你，看到了你的失败。但当你开始同情自己时，你会看到，难道我现在的状态不可以被理解，不应该被理解吗？

当你能用包容、温暖、耐心、怜悯去把这个伤害先包裹起来，然后再慢慢消化掉的时候，你就可以做到不介意周围人怎么看，不执着于自己是选择修复感情还是选择离开，不太介意其他人的感受，也不指望他人对我们的肯定。那时，你就把自己彻底拯救出来了。

只有做到这一步，才可以进行第二步，双方都为信任修复进行力所能及的努力。因为信任从来不是单方面的事，光靠一个人努力是不可能的完成。

很多人会不断地问，老师，他是不是还爱着我？我觉得他努力回归了，但我不确定，你帮我判断判断他对我、对家庭还有没有感情？

我们常说，人非草木，孰能无情。一个结婚多年的妻子和他们共同的孩子，如果说他没有感情是不可能的，但在关系如此紧张的状态下，那份感情是不稳定的，你去期待那份感情，不如去期待他的人性，这时人性要可靠得多。

人性，就是相信他还有恻隐之心，当你指责一个男人毫无恻隐之心，一点也不爱这个家、不爱孩子时，实际上你也在捻灭他最后的恻隐之心。

在信任修复的过程中，要唤起他的恻隐之心，唤起他的歉疚，唤起他对孩子的连接，唤起他做人的本能，而不是攻击他。

我们必须要理解，那个背叛婚姻、背叛家庭、背叛你和伤害你的人，他的内心并不平静，他或许并不像你想的那样快乐。

世界上很多出轨者，都会在肉体欢愉后，内心充满担心、悲伤和自我折磨。即使他们鼓励自己远离这个家庭，想尽办法，找一切理由给自己寻找安慰，内心深处依然压着很多挣扎，他们过得并不快乐。

有挣扎，内心就有软弱的地方。有软弱之处就会有感情。很多婚姻中背叛的人，自己都不认可自己，觉得自己已经没办法回到以前那个善良美好的自己了。

在这场两败俱伤的创痛中，那个背叛者并不是强者，很有可能他的成长中有过很多缺失和不容易，这种不容易有他自己造成的，也有我们造成的，还有我们共同造成的。

双方都是受伤的、虚弱的，都需要被接纳和包容。当然，包容的前提并不是对方没有错，而是我们要知道，每个人都有软的部分，只有接纳软的部分，这份情感才会被启动，信任才有可能被建立。

一个第三者的自白：为了情人离婚后，我后悔了

文 / 非也

01

有一天，咨询室里来了一个打扮精致，但面容憔悴的女人。凭直觉，我觉得她应该是有感情困扰。

她的表达能力很好，一坐下就滔滔不绝地自顾自说起来。明显，她压抑了很久，急需一个出口。

"全完了，我以后不知道该怎么活下去。"她掩面叹息，声音里充满了绝望和无助。

"我怎么那么傻，那么贱，都是报应。"突然，她的眼睛里噙满了泪水，哽咽着说不出话来。我小心地递给她一张纸，等着她继续说下去。

今年三十五岁的她，刚刚离婚，六岁的孩子归前夫。他们家是典型的男主外、女主内。

丈夫是公司高管，她在家带孩子。平淡的日子像流水一样逝去。像大多数夫妻一样，在一起久了，也就没有了新鲜感，更谈不上激情。

好在丈夫待自己还不错，平日里两人总是有商有量，很少红脸。

唯一让她偶尔忍不住抱怨的是，丈夫从不帮忙做家务。

可是，生活不就是这样吗？平平淡淡才是真。

直到有一天，她去参加高中同学聚会，以前的一个老同学竟然借着酒劲跟她告白。

他说，自己高中暗恋了她三年，没想到过了这么多年，她还是那么美，依然让他心动不已。

她也不是没见过世面的小姑娘，并没有当真，不过心里还是觉得很受用。那天几十个同学吃饭、唱歌、聊天，一直到深夜两点才依依不舍地散场。

经历过生活残酷和人情淡薄，总是特别怀念情窦初开、热情洋溢的青春时光。似乎，那时候的我们特别纯粹。回首时，更觉得一切都那样美好而充满希望。

回到家，她还久久沉浸在回忆里，甚至觉得自己的灵魂都在一点点复苏。想起这些年的生活，日复一日，按部就班，味同嚼蜡。

她第一次强烈地觉得自己就像笼中的金丝雀，活着一点意思也没有。

这种不满足就像火种一样，在她心里越烧越旺。一个月后，她突然收到那个同学发来的微信："那天见过之后，我一直忘不了你，能见一面吗？"

她明明知道这意味着什么，却还是精心打扮一番，满怀期待地去了。几杯酒下肚，两个人就越了界。

她说："好久没有那样酣畅淋漓过了。我一下子就沦陷了。"沉浸在"爱情幻觉"中的他们都觉得已经错过一次，就不能再错过一次，并约定好回家就离婚。

可是一回到家，她就清醒了。丈夫并没有错，况且还有一个孩子。只是从那以后，她发现丈夫身上不可忍受的毛病越来越多。因此，他们总是吵架。

这样持续了三个月，两个人都觉得婚姻过不下去了。她吵着要离婚，丈夫刚开始不同意，觉得没到那一步，可是拗不过她的坚决。

可当她满心雀跃地跟他打电话时，他却说，我离不了婚，老婆不同意，毕竟那么多年的夫妻，我也不能单方面地去离婚……

02

一切的幻想成为泡影，所谓的美好爱情也只不过是一场骗局。

可当初闹成那样，现在再回去找前夫，她已经没了勇气。她感觉自己遭遇了整个人生最黑暗的时期，身处泥淖，不知道怎样走出来。

相对于男人，女人最傻的就是太把爱情当回事。

我见过太多独立女性，一陷入爱情就像向大人讨要糖果的小女孩，让人既心疼又生气。

尤其是，竟然想从婚外情里找真爱的女人。

这类新闻屡见不鲜，结果却大同小异。这些年我们听过的名人出轨故事里，凡男人出轨的，大都被原谅了，依旧是好爸爸、好老公。

但女人出轨，就很难再翻身。

婚外情被发现后，选择回归的男人，做的第一件事一定是手撕情人。再多的山盟海誓也抵不过现实的考量。说到底，男人是很现实的生物。除非你有绝对的优势，否则很可能丢了爱情又失去了婚姻。

腾讯曾经做过一项大约七万人的有效问卷，数据表明，女人出轨大都是精神、肉体都出轨。

这也是为什么女人更容易陷入婚外情而无法自拔。为了心中的爱情，女人往往不顾一切，犹如飞蛾扑火。

讽刺的是，越绝情的婚外情越像爱情。

03

之前看过一部电影《男与女》。

女主人公有一个自闭症儿子，他占据了父母大多数注意力和精力，也抹平和稀释了夫妻之间应有的亲密和柔情。剩下的，只是就事论事的平淡交流。

忙碌的日常生活掩盖了她执着背后的焦虑、委屈和疲惫。内心积压的负面情绪从来没有机会得到表达和被倾听，更谈不上得到理解和支持。

男主人公有一个得抑郁症的女儿和神经质的妻子。他习惯于沉默，总是模棱两可地回应命运抛过来的问题。

这样的生活状态，让他变得麻木。他有意忽略自己的情感需要和孤独感。无助的他，迷茫、混沌、绝望，就像他自己说的一样："我总觉得活得可有可无。"

这样的两个人阴差阳错地在美丽的芬兰相遇了。因为同样的孤独和压抑，他们像磁铁一样被彼此紧紧吸引着。

陷入爱情中的男人像个小男生一样，忍不住偷偷为女人制造各种惊喜。

他会突然出现在女人工作的地方，还有出差的火车上，只为了陪她一程。

这一切对一直隐忍和受尽委屈的女人，有着超强的杀伤力。梦想照进现实多么让人惊喜！

女人在关系中反复挣扎、纠结，她知道，那是一条不归路。可是男人的柔情一点点动摇了她内心的坚守，她最终选择了鱼死网破，把自己的情感暴露在光天化日之下。

面对丈夫的询问，她直截了当地说："我已经离不开他了，对不起。"

这需要多大的勇气和深情？然而破釜沉舟的她，破门而出奔赴的却是一个爽约。

男人在给女人营造了天长地久的假象后，选择了戛然而止，悄无声息地黯然逃跑。

在那个不告而别的夜晚，女人孤零零地站在空荡幽深的走廊里，背影写满了落寞和绝望。让人不由地叹息，早知今日，何必当初。

女人以为的深情，在他心中不过是游戏一场。男人天性追求刺激、新鲜感，就像个青春期的孩子，到老也一样。他们一开始就像个鸵鸟，任由自己沉醉在刻意营造出来的甜蜜幻象中，不管不顾。一触及现实，就像泡泡落到地上，不见了。

我们总希望男人负责任，就是因为知道这并不是他们与生俱来的天性。经历过婚姻，特别是背叛，女性就会明白，如果可以选择，他们大都像剧中的男人一样，会不假思索地逃走。

但是不要以为男人选择回归家庭是不想背叛婚姻，肉体出轨前，他的精神早就出轨了。

在出事时，他一定会选择一个最省力的方式。婚姻是一个利益共同体，牵涉甚广。

之前看过一个 TED 演讲，著名情感理疗师 Esther Perel 十几年来接触过无数个出轨案例。她发现，出轨的本质其实是欲望不能得到满足。

咨询室中的女人和电影中的女人一样，在选择出轨的那一刻，一定都是因为现在的婚姻和丈夫满足不了自己所有的需求，男人也如此。

不同的是，女人想要长久的浪漫，男人只想要片刻的温柔。

如果真的不想继续走下去，那就干干脆脆地结束。无论现在是否还有爱，毕竟曾经爱过，好聚好散方不辜负曾经真诚的付出。

当然，这并不容易。与出轨一样，任由情绪泛滥比克制更容易。只是，结果也不会太好。出轨，总是从偶然开始，走向必然的结局。

我曾经问过很多男性朋友："你会选择跟出轨的女人结婚吗？"他们无不斩钉截铁地说："不会，她会背叛别人，也会背叛我。"

人生就在一次又一次的选择中，慢慢走向既定的终点。最让人后悔莫及的是，你因为一次错误的选择，失去了无数个选择幸福的权利。

一个男人的泣泪忏悔书：出轨离婚后，我没有娶她

文 / 夏一丹

阿良联系我，说要来找我"坐一坐"时，我挺意外的。

要说起阿良来，最引人谈论的，除了他的财力，便是他的婚姻了。他的经历极有代表性：

曾在某企业工作，后来企业发展极差、人员精简，他果断离开，选择自己创业。历经艰辛，公司壮大了，妻子全职在家，专心养育孩子，他却出了轨，败露后，一番折腾，终究还是离婚了。

如今他和妻子离婚已经快两年。这会儿要找我，所为何来？

阿良直奔主题：心累，没有合适的人说会儿话，就想到你了。

原来，阿良离婚至今，只是和曾经的第三者同居，一直没结婚。而这自然让他和她的关系受到影响，两人在吵架、和好，和好、吵架之间纠缠，阿良很苦恼，苦恼到很想给她一笔钱，两个人干净地分手。可这样，也对不起这个女朋友。"总不能负了前妻，再负情人。"阿良说。

"你还想复婚吗？"

阿良沉默半晌，摆摆手："还是算了，不可能了。"

"那是现在这个女朋友不好吗？"

阿良摇摇头："她在你们眼中是可恨的第三者，但人其实很善良，除了有些小性子，别的都挺好。"

为什么离婚这么久却没有娶第三者？

我问他："那为什么离婚这么久你却没有娶她？"

阿良长叹了一声，说："我总觉得没那个心思和动力，总觉得不对劲……"

大概触动了他最深的心结，这位许多人心目中的成功男士，此刻，脆弱而孤单地窝在沙发中，看着窗外，像在等着亲爱的妈妈从远方归来，牵着他一起回到他们温暖的家。

只是，他等的那个人，和他向往的那个家，一直没有出现……

变"坏"之前，那个男人内心的孤独

"是我负了我前妻……"阿良说，"可是，你以为只有她难过吗？"

阿良的前妻我见过，年龄与他相当，长得挺漂亮。阿良是和一帮朋友去郊游时认识她的，一见欢喜，很快就恋爱。

因为他前妻是独生女，工作单位也很好，所以农村出身的阿良当初想娶她，还受到过女方家人的嫌弃，是前妻铁了心非他不嫁，他才最终抱得美人归。

不过，对于这桩婚姻，阿良总是感觉一言难尽。

妻子确实挺顾家，也对他不错，甚至他的乡下父母，她在面上做得也还过得去。

不过，结婚后，阿良随时都会被敲打。前妻总说，我当初可算是下嫁于你……

阿良被单位精简下岗了。他前妻虽然没有明说什么，但在她父母埋怨他时，前妻坐在边上，一言不发。回家后，夫妻俩大吵一架。

后来创业成功，阿良又被提醒，男人有钱都变坏，你可要小心点……

直到后来离婚，阿良才想明白，当初的那点若有若无，可提可不提的"小破事"，其实都变成他出轨时的"助攻"——在他的情感列车驶离正常轨道前的那一刻，那些回忆，帮助他压制了心底的愧疚和犹豫。

因为那些场景，在阿良那里，都变成相同的声音：你小子不管有钱还是没钱，成功还是失败，反正娶这个老婆，都是高攀！你都要永远感恩！

所以阿良说："你们女人啊，总是嘲笑男人找第三者是交易，但正牌的老婆就没有交易的想法吗？老是把老公当产品一样管理，还想当然地觉得那样做是最正确、有效的产品管理方法。"

我顿时明白了，阿良在前一段婚姻中，也承受了很多孤独和无助。

当一个内心备感孤单和无依的人遭遇诱惑，又失去实际上的制约，那么他冲破道德的底线，就变得自然而然了吧。

问题是，这颗包裹在成功之下的孤独的心，滑出了正常的婚姻轨道，就圆满了吗？并没有。

无论多少新的关系，都填不了内心的那个漏洞

阿良和那个"第三者"的认识也没有新意。她是阿良在业务中认识的一个姑娘，能干，不乏乖巧，最关键的是对他很欣赏，经常说"自

从认识你，我学到的东西非常多"。

和阿良关系密切起来之后，她也时常表态，要当阿良的好学生，成为他的左膀右臂。

这让阿良很是受用，更何况，这个姑娘起初对婚姻并没有太多的期盼。阿良就觉得，她是自己婚姻和事业最好的补充。

阿良说得很有意思："我对我前妻的不满意，只有三分之一左右，她要改变也是很难的，那我就自己去找补充，也从来没真正动过换老婆的心思。我觉得这样更能减少家庭矛盾，有利于稳定。"

翻译成大白话，就是阿良想享齐人之福。

显然，阿良从来没意识到，每一个人想要的，都是整颗心。少了哪怕十分之一，那也不完整。对于前妻因他出轨而大闹一番，还不肯原谅非要离婚不可，他甚至深感委屈。

想起有一回，被一位男士 A 先生问道：为什么你们女人，总是要有很多闺密什么的？弄得挺复杂。

于是我问他：那你有没有自己很值得信任的朋友、兄弟呢？

A 先生说，男人之间一般不会谈隐私的事，大多谈工作、事业这些和谁都可以谈的事。秘密这些是很少去谈的，即使有人跟我说，我也就听听而已，不会去记下。

原来，A 先生认为，男人谈心情，是很不男人的事。于是，有些心情上的事，只好自己消化和调节。

因为，男人会深深地记得自己的使命，是去征战，是当英雄，不可以脆弱。

可很少有男人真正明白，如果一段关系容纳不下他的脆弱和不安，这些情绪就可能引着他走向不伦的轨道，进入新的不安。

阿良听完我说这些，猛地抬起头来盯着我："哦？难道你是说，我心里一直没安全感吗？"

忠诚的婚姻里，放得下男人脆弱的心

他说，我真没有安全感。

阿良家里兄弟姐妹四个，他排行中间，他父亲希望两个儿子中，一个能进城，一个能留在乡下。正好阿良的二哥成绩优异，他父亲便指定阿良要留在乡村种田，读书就是能识字便好。

这让阿良着急坏了，他非常刻苦努力地学习，甚至在父亲不给学费、生活费的情况下，自己利用暑假去打小工挣钱。后来上了大学，恋爱结婚，他又背上了高攀的名头。阿良觉得无论如何自己得有出息，于是更加努力地工作……

"你不知道我吃了多少苦，我只是想保住自己作为一个男人的自尊心。"

在婚姻中自己犯了错，不得不承受离婚的结果，阿良一直有深深的丧失感。

"我赚了很多钱，但我弄散了我的家，你以为我心里高兴吗？唉，没法说。"

前妻的离开，其实相当于他的安全感丢了那三分之二。面对曾经的小三，现在的女朋友，阿良又非常怀疑，她能够给自己多少安全感？

"我前一个家搞砸了，再结婚，我感觉搞砸的可能性还是很高的。" 阿良说，"这样折腾，太累。所以还是不要谈那么多感情，真的合不来要分开，也方便一些。"

只是，女朋友并不知道阿良的心思，在得知他离婚后，从暗示到明说，从默默等待到每天催问，让阿良心乱如麻。

　　阿良没有想通的是，他就像一个饥饿的小孩，总是在不断地奔跑着，寻找面包，可是当找寻的方向出现错误，结果便是面包吃得越多，饥饿的感觉却越是强烈。

　　因为，无论男女，都需要安全感。可安全感这个东西，从来不可以从别人那里找到，只能够自己去开启内心深处的力量。

　　阿良跟我作别时，非常怅然。他说，要是自己早一点和别人谈一谈心情就好了，要是前妻那时候，不是总是提醒着他别变坏，而是多理解他的心情就好了。

　　那样，他也不会轻易出轨，不会出轨后走向离婚，不会在现在和女朋友的关系里，左右为难，进退维谷。

　　可惜，人生没有如果，欠下的，都得还，生命中的某一种贫穷和匮乏，你用再多的财富，也掩盖不住，唯有面对。

　　而面对最难。

在婚姻里忍气吞声，是会忍出乳腺癌的

文 / 茗荷

前几天，我的一位好友得乳腺癌去世了。

还记得，初见她是在一次亲子课上。互动环节，她哭得厉害，停不下来，好像积攒了太多委屈。

从她的倾诉中得知，她的老公出轨，还在外面养了个孩子，她一直隐忍至今，难以释怀。

后来再见，她剪了短发，整个人看起来精神很多，当时我真心替她感到高兴。原来她去大理定居了一段时间，调整身心，心情好了许多。

可好景不长，她终归还是放不下，又回到了老公身边，过着长期隐忍的生活。

没曾想，最后她以一种我们都不愿意看到的方式离开了。

很巧的是，昨天见了另一个朋友，她也刚从大理回来。许久不见，我们聊了很多。

她讲自己离开城市，带着孩子远去大理，在那里种茶、卖有机产品，甚至跟朋友一起办学，试验新教育。

看到她讲话时神采飞扬的样子，我心里跳出一句话，这个女人真迷人。她坚定的眼神里，有对生活的深深理解，也有对未来梦想的憧憬。

坐在江边酒吧细聊，我才知道，她是跟老公离了婚搬去大理的，而且离婚的过程很有戏剧性。

早上她老公对她说，我们生二胎吧。晚上她对老公说，我们离婚。于是两人就离了。

我还在好奇，这怎么说离就离了呢。她又说，她跟老公之前长期异地，生活上一直靠不上，回来之后反而感觉很不适应。

当时她在办公室想了一整天，然后决定离婚。之后，便是非常迅速地办理各种手续，移居大理，去过另外一种人生。

现在，她整个人变得更年轻漂亮了，孩子跟她去大理生活后，自闭的情况也好了很多。

她说，生活还是要有趣、开心才好，感情更是。从学生时代起，她一直是如此做的，非常照顾自己的心意。

她们迥然不同的选择，再一次点拨了我：离婚与否真的不是关键，照顾自己的心意，想办法让自己开心才好。

从很多情感咨询的案例中，我发现了一些共同现象——女性经常在婚姻中耗掉快乐，耗掉自己的健康。

因为担心对方离开自己，忍气吞声换取卑微的感情，无法调整自身情绪，更别提好好工作生活，常常伴随比如失眠、厌食甚至是其他严重疾病。

她们常常像抓住救命稻草一样问咨询师"我到底该不该离婚？"或者是"老师，你说我会得抑郁症甚至是癌症吗？"

每当这时候，我其实最想说的是：

离不离婚咱先放一边，爱不爱也放一边，先照顾好你自己。得病了，谁也替代不了你。

《黄帝内经》中早就告诉我们："怒伤肝、喜伤心、思伤脾、忧伤肺，恐伤肾。"几乎每一种让你内心大幅度波动的情绪，都会对你的身体造成影响。

世界心理卫生组织指出："70％以上的人会以攻击自己身体器官的方式来消化自己的情绪。而消化系统、皮肤和性器官是重灾区。例如亲密关系的问题，就经常在性器官上呈现病症。"

从临床上看，那些长期压抑自己情绪的女性，患妇科疾病的比例明显偏高。

曾与一位中医聊天，他说，看看病人的身体状况，基本就知道了其夫妻感情如何，家庭生活是不是开心。当时我觉得他太神了，怎么那么隐秘的事都知道。

他笑着说，过去卡住的感觉与情绪，无论我们的头脑是不是记得，都会保留在我们的细胞里，成为身体的一部分。

身体是不会骗人的，你压抑的每一种情绪，都会在身心上留下印记，骗得了别人，骗不了身体。

比方说，男朋友出轨的女性，内心对性生活产生了强烈的抗议，体现在身体上，就容易表现为妇科疾病，无法进行性生活。

除了造成疾病之外，压抑情绪还会影响你的内心状态，让你陷入自我否定、自我攻击等模式当中，变得容易退缩、暴怒、麻木，失去生活热情。

当卡在这些现象里，自我力量不足的人总会想，离婚了，别人该怎么看我？没人爱我怎么办？养不活娃怎么办？

然而，没有人提醒你的是，你选择隐忍，付出的代价是健康。

如果正在读文章的你，此时也在为婚姻问题苦恼，身体已经出现了一些症状，或是长期陷入某种情绪中无法自拔，这其实是身体在告诉你："是时候调整了，如果你一再忽视我的需求，我将以更严重的声音来呼喊，直到再也无法继续。"

那么我们应该如何对待陷在婚姻难题中的自己呢？

1. 为自己生命负责，不要在忍耐中度过一生

婚姻从来都不是万能药，离婚与否都会使人感到痛苦迷茫。有人在糟糕的婚姻泥潭中拔不出来，有人在失去婚姻后感到孤独。

面对婚姻中的万分不堪，最忌讳的就是卡在某种状态中，既无力去破局，又舍不得放弃，抑郁横生，年华老去，身患重疾，悲凉一生。

但我们发现，不幸的婚姻大多如此。

建议：

你要知道，生活是你自己的，你才是自己情绪的主人和第一责任人。面对婚姻，甘心最重要。要么彻底接受现状，婚姻不易，人无完人，尽力在婚姻中培养自我疗愈的能力；要么舍弃掉无法拯救的关系，勇敢地开始新的生活。

总之，为自己的生命负责，不要在忍耐中度过一生。

2. 破除恐惧，找到自己的力量

我的一个来访者，人长得美，还很能干。无论工作还是育儿，都是自己一手打理。面对丈夫的出轨，她想离婚又深感恐惧，觉得不会有人再爱她，一直很卑微地跟丈夫互动，身心俱疲。

她的这种心态，并不少见。

有很多女性，尽管在经济和生活上已经非常独立，在婚恋问题上，她们却觉得离开婚姻，离开对方，就无法活下去，也不会再有人爱自己了。

实际上，即便是离婚，她们也完全有条件过得不错，之所以不敢，主要还是心理上的原因。

要知道，即便不舍弃一段关系，在心理上也要有敢舍弃的底气和能力。只有这样，你才不会感到憋屈，赢得不一样的局面。

建议：

试着看看你恐惧的到底是什么？最坏的结果又是什么？看看自己是否能承受。

提醒一句，最坏的结果里，不要忘记"身心俱损"这一条。

3. 拓宽生活的支点，不要局限自我

曾在一个陪护案例中，我引导来访者画一个生活支点结构图。

让她吃惊的是，她几乎把80%以上的精力都投到了家庭和孩子身上，工作是应付，社交基本是0。

她意识到，难怪面对丈夫出轨时自己如此惶恐不堪，因为她失去了家庭，就意味着她失去了她绝大部分支点。

咨询中，我常发现，那些社交广、事业做得不错的女人，面对纠缠关系的时候，力量感更足，选择更充分。

而眼中只有家庭和孩子的女性，往往就显得非常被动，并且对离婚感到恐惧。她们往往连能给予支持的闺密都没有，这实在是一件非常危险的事情。

看过一句话说，"家里有爱人，隔壁有闺密，远方有麻友，这才是向往的生活"，深以为然。

建议：

想让自己开心，除了自身状态好，也需要有其他生活支点。

工作、兴趣爱好、朋友家人，这些都是让我们感到幸福的重要支点。支点越少，坍塌时打击越大，内心往往越痛苦。

4. 与自己的情绪成为好朋友

经常有来访者跟我说："情绪好难控制啊。"

确实如此，因为一些伤痛在我们体内没有散去，只要遇到争吵，或者你有一个期望对方达不到，那种情绪就会袭来。你或者暴怒，或者抑郁，抑或是感觉日子过不下去。

我们需要做的是：引导情绪到合理的地方，抑或是找到源头去化解，并不是要你去选择简单的控制。

有几个小方法可以分享给你：

找一个安静的空间深呼吸放松，静静地感受能量的流动，感受酸麻胀痛等感觉，查找自己淤堵的地方。

情绪来临的时候，就算控制不住，记得觉察，一次次觉察并接受它，慢慢学习释放。

多接触让你能够感到安静的事物，琴棋书画、手作等都可以。

作为心理咨询师，我常常有机会听到不同的人生故事，也能理解女人很多时候的无奈和心酸。

但拥抱完大家，还是要提醒你们，让自己开心这件事，比什么都重要。